Sabine Kalwitzki / Ulrike Kaup / Ingrid Kellner

Wir sind Freunde, ich und du!

Sabine Kalwitzki / Ulrike Kaup / Ingrid Kellner

Wir sind Freunde, ich und du!

Geschichten für Streithähne und Kuschelbären

Mit Bildern von
Sabine Kraushaar, Clara Suetens,
Karin Schliehe und Bernhard Mark

In neuer Rechtschreibung

3. Auflage 2004
© Edition Bücherbär im Arena Verlag GmbH, Würzburg 2003
Zuerst als Einzelbände in der Reihe »Glückskäfer« erschienen.
Einbandillustration von Clara Suetens
Alle Rechte vorbehalten
Gesamtherstellung: Westermann Druck Zwickau GmbH
ISBN 3-401-08462-3

Inhalt

Ulrike Kaup

Geschichten vom Streiten und Versöhnen   11

Ingrid Kellner

Geschichten vom Kuscheln und Liebhaben   63

Sabine Kalwitzki

Freundschaftsgeschichten   115

Allererste Geschichten vom Streiten und Versöhnen

Kiki und Henry
und wer sonst noch vorkommt

Das ist Kiki. Sie ist fünf Jahre alt.
Sie wohnt mit ihren Eltern in einem Haus mit Garten.
Oben wohnt Oma.
Sie guckt gerade aus dem Fenster.
Kiki macht gern Quatsch, sie mag Barbiepuppen, Überraschungseier und Henry.

Das ist Henry.

Er ist auch fünf Jahre alt.

Er wohnt in einer Wohnung ganz in der Nähe von Kiki.

Und weil die Wohnung keinen Garten hat, haben seine Eltern einen Schrebergarten.

Henry erzählt gern vom Giftelefante, er mag liebe Monster, Spinnen und Kiki.

Das ist der Giftelefante.
Den hat Henry sich ausgedacht.
Wenn wir neben dem Giftelefante stehen, sehen wir aus wie klitzekleine Männchen.
Beim Schlafen macht er seine Giftstacheln ab.
Die sitzen an einem Gummiband, das er abziehen kann wie eine Augenklappe.
Der Giftelefante kommt in vier Geschichten vor.

Dann sind da noch Katrin, die Kindergärtnerin von Henry und Kiki, Micha, der nicht so gern mit Mädchen spielt, und Kevin, ein hundsgemeiner Blödmann.

Henry und sein Giftelefante

Kiki geht jeden Morgen in den Kindergarten. Sie wohnt in der gleichen Straße, nur einen Katzensprung entfernt. Heute ist Kiki schon früh da. Sie langweilt sich ein bisschen. Die meisten Kinder kommen erst noch. Aber dafür kann sie im Schaukelstuhl sitzen. Direkt am Fenster. Sie kann das Törchen sehen, wo die Kinder sich von ihren Müttern und Vätern verabschieden. Diesmal guckt Kiki besonders gut hin.

»Wir kriegen Verstärkung in der Bärengruppe«, hat Katrin gestern gesagt. Ein neuer Junge. Er ist nicht zu übersehen, denn er hat leuchtend rote Haare. Sein Name ist Henry. »Er ist umgezogen und kommt jetzt zu uns in den Kindergarten«, sagt Katrin. Alle freuen sich über den neuen »Bären« und wollen ganz viel auf einmal wissen.

»Spielst du Fußball?«, fragt Lars.

»Fährst du Inliner?«, will Marcel wissen.

»Hast du ein Haustier?«, fragt Kiki.

Henry ist ganz schwindelig von den vielen Fragen.

»Vielleicht einen Hund oder einen Wellensittich?«, fragt Ines.

»Nein«, sagt Henry.

»Kein Haustier?«, ruft Kiki ungläubig.

Henry schüttelt den Kopf. »Aber was viel Besseres: den

Giftelefante!«, sagt er. Plötzlich sind alle still. »Der Giftelefante wohnt bei uns auf dem Dach. Und niemand hat ihn je gesehen.«
»So was gibt's doch gar nicht!«, sagt Marcel.

»Wie sieht er denn aus, der Giftelefante?«, will Kiki wissen.
»Er ist größer als zwei Pottwale«, sagt Henry. »Und er hat Giftstacheln und Flügel mit Giftpunkten drauf.«
»Ja, ja«, sagt Marcel und zeigt Henry einen Vogel.
»Die Kobra ist viiiel giftiger.«

Die anderen Kinder gucken Henry fragend an.

»Der Giftelefante«, sagt Henry, »der ist giftiger als die Kobra, die Schwarze Witwe und der Kugelfisch zusammen!«

»Der spinnt ja, der Blödmann!«, ruft Marcel und schubst Henry an die Seite.

Katrin schimpft mit Marcel und klingelt zum Frühstück.

Kiki setzt sich neben Henry. Gleich, wenn sie ihr Butterbrot aufgegessen hat, wird sie ihn fragen. Ob er noch mehr erzählen kann. Über diesen geheimnisvollen Giftelefante.

Auch Dickis können schön sein!

Henry ist ein echter Fachmann. Für Schlangen, Spinnen und für Monster. Wenn er sein Zimmer aufräumt, braucht er nur für die Monster zwei Plastikcontainer. Am liebsten mag er Monster, die kein bisschen wie Menschen aussehen: die eine grüne Haut haben mit schwarzen Pusteln oder einen Feuerschweif oder fünf Augen. Oder Dickis. Die sehen besonders lieb aus, sind kugelrund, haben Knollnasen und dünne O-Beinchen.
Sogar Kiki mag die Dickis. Und wenn Henry zu ihr zum Spielen kommt, darf er welche mitbringen.

Aber einmal, da hat Kiki überhaupt keine Lust mit den Dickis zu spielen. Sie will viel lieber mit ihrer neuen Barbie spielen.

»Ich habe eine Meerjungfrau-Barbie gekriegt«, sagt sie. »Mit extra langen Haaren und Glitzer Creme. Von meiner Tante Karin.«

»Barbies sind doof«, sagt Henry. »Die wollen immer nur schön sein. Richtig doof!« Dabei macht er ein Gesicht wie eine besonders hochnäsige, feine Dame und läuft im Zimmer herum, als hätte er Stöckelschuhe an den Füßen.

»Aber deine blöden Monster!«, schreit Kiki. »Die sind dick und fett und hässlich wie Hühnerkacke!« Voller Wut schleudert sie einen Dicki in Henrys Richtung. Der saust nur ganz knapp an seinem Kopf vorbei.

»Oh«, sagt Henry immer noch wie eine feine Dame. »Dickis können sich sehr schön machen!«

Er schnappt sich die rote Plüschjacke von Kikis Disco-Barbie und zieht sie dem weggeschleuderten Dicki an. Die Jacke steht weit ab über dem Dicki-Popo und die Ärmel sind viel zu lang. Henry hat den ganzen Bauch voll Lachen. So lustig sieht das aus.

Und Kiki? Kiki muss mitlachen und hat eine tolle Idee, wie man die Dickis noch schöner machen kann. Zum Beispiel mit Glitzercreme.

Klopapierklöße

Einmal hat Kiki einen ganz komischen Tag. Der komische Tag fängt damit an, dass Kiki aufwacht und Bärchen ist nicht da. Einfach weg. Futschikato.

Da hat Kiki Mama gerufen, denn Mama soll Kiki mithelfen Bärchen zu suchen.

Vielleicht ist Bärchen runtergeplumpst. Oder hat sich unter der dicken Bettdecke verirrt und weiß nicht mehr, wie er zum Kopfkissen finden soll. Kiki wühlt im Bett herum und Mama unterm Bett.

Aber sie finden nur ein paar Bausteine, Kekskrümel und Staubflöckchen. So komisch fängt der Tag an.

Zum Frühstück will Kiki Cornflakes mit selbst eingegossener Milch. Wie jeden Morgen. Da flutscht ihr die Milchtüte aus der Hand und die ganze Milch fließt überallhin. Nur nicht über die Cornflakes.

Mama ist sauer und sagt ein Wort, das Kiki nicht sagen darf. Es fängt mit »Sch« an. Dann rennt sie ins Badezimmer und holt Eimer, Lappen und Schrubber.

Natürlich will Kiki beim Saubermachen mithelfen. Sie rennt auch ins Badezimmer, holt die Klopapierrolle und reißt Riesenschlangen ab, um die Milch schon mal vom Boden aufzusaugen.

Mama ist so mit Wischen beschäftigt, dass sie gar nicht merkt, wie schön Kiki hilft. Erst als Kiki die voll gesaugten Klopapierklöße ins Bad bringen will, guckt Mama

ganz entgeistert und ruft: »Was willst du denn damit? Du tropfst ja alles voll!«

»Runterspülen!«, sagt Kiki. Sie ist ganz stolz auf ihre gute Idee.

»Du bleibst da stehen und bewegst dich nicht vom Fleck!«, ruft Mama und guckt Kiki gar nicht freundlich an. Da hat Kiki keine Lust mehr zu helfen. Sie wirft Mama die Klöße vor die Füße, rennt in ihr Zimmer und weint so lange, bis die größte Wut aus ihr herausgeweint ist. So ein blöder Tag!

Streithähne auf dem Ferienhof

Kiki ist gern auf dem »Ferienhof Felix«, weil sie dort Ponyreiten kann und weil sie mit Mama und Papa nur ein kleines Viertelstündchen mit dem Fahrrad fahren muss, um an den Strand zu kommen.
Und natürlich, weil Henry mit seinen Eltern in den Sommerferien auch dort wohnt. Gleich in der Ferienwohnung nebenan. Da können die Mamas und Papas ausschlafen und Henry und Kiki rennen einfach nach draußen auf den Rasen und füttern schon mal die Enten.

Das macht Henry so viel Spaß, dass er sich von seinem Taschengeld ein eigenes Toastbrot gekauft hat. Nur zum Entenfüttern.

Wenn die Enten Henry sehen, kommen sie laut angeschnattert, machen lange Hälse und laufen hinter ihm her. Das sieht lustig aus.

Seit gestern ist ein neuer Junge auf dem Hof. Er heißt Kevin und ist 6 Jahre alt. Er ist auch Frühaufsteher, aber er mag keine Enten. Und er will sie schon gar nicht füttern! Er nimmt keine Scheibe Toastbrot von Henry.

»Die blöden Viecher kacken alles voll«, sagt Kevin. »Die sollen bloß abhau'n!« Dann breitet er die Arme aus und läuft auf die Enten zu.

»Lass das«, ruft Henry, »du verscheuchst sie ja!«

Doch Kevin rennt nur noch schneller und lacht schrill auf.

»Enten jagen ist gemein!«, schreit Henry. Er lässt das Toastbrot fallen und rennt hinter Kevin her. Kiki kommt von der anderen Seite. Endlich bleibt Kevin stehen.

»Was willst du Furzknoten!«, sagt er grinsend zu Henry. Er geht einen Schritt auf ihn zu und boxt Henry ein bisschen. »Deinen Enten drehe ich noch mal den Hals um!«, sagt er.

»Das tust du nicht!«, brüllt Henry und schubst ein biss-

chen doller. Kevin schubst zurück und schon liegen die beiden auf dem Rasen, wälzen und hauen sich, dass Kiki nur noch Fäuste sieht und gar nicht weiß, wo sie draufhauen soll, um Henry zu helfen.

Da rennt sie lieber zu den Wohnungen, um Henrys Papa zu holen. Der kommt ihr schon entgegen. Im Schlafanzug. Er packt die beiden Streithähne am Kragen und zieht sie auseinander. Henrys Nase blutet und er zittert vor Wut. Erstens, weil Kevin ein hundsgemeiner Blödmann ist und zweitens, weil Henry Streiten und Schlagen eigentlich gar nicht mag.

Auch nach dem Frühstück ist die Wut noch da. Kiki schenkt ihm eine schöne große Muschel. Zum Trost. Aber das hilft nur ein kleines bisschen.

Henrys Stockecke

Im Herbst, wenn im Park die Bäume orange-rot leuchten, gehen Papa und Henry gern spazieren. Sie spielen dann »Wir sind Sammler und Jäger«.
Papa nimmt einen Korb mit und Henry sammelt lauter schöne Sachen: frisch geschlüpfte Kastanien, Bucheckern, Eicheln, feuerrote Blätter und Rindenschiffchen, die die Platanen abwerfen.

Und wenn der Herbstwind die Baumkronen richtig wild geschüttelt hat, liegen ganz viele Äste und Ästchen zwischen all dem bunten Laub. Henry sucht sich immer gleich als Erstes einen schönen davon aus. Er will gefährlich aussehen, damit die wilden Tiere gar nicht erst auf die Idee kommen Papa und ihn anzugreifen. Und dann findet Henry jedes Mal noch einen ganz besonderen Stock und noch einen und noch einen und immer so weiter, bis Papa mithelfen muss beim Tragen, weil Henry einen extra großen Ast hinter sich herziehen will. Und damit hat er alle Hände voll zu tun.

Zu Hause hat Mama einen Herbstteller auf die Fensterbank gestellt. Da kann Henry einen kleinen Teil seiner Beute drauflegen.

Nur die Stöcke, die passen auf keinen Teller der Welt. Die allerschönsten stellt Henry in seine Stockecke. Neben die Steinstufen, die zur Haustür führen.

Eines Morgens aber sind alle Stöcke verschwunden.
Henry und Mama suchen den Garten ab, schauen in alle Ecken. Ohne Erfolg. Die Stöcke tauchen nicht wieder auf.
»Bestimmt hat Frau Bernkötter die weggeworfen«, sagt Mama. »Sie wollte gestern schon, dass ich die Ecke wieder ordentlich mache.«
»Das darf die nicht!«, ruft Henry böse. »Das sind doch meine Stöcke!«

»Aber Frau Bernkötter gehört das Haus!«, sagt Mama. »Und wenn sie keine Stockecke haben will, dann können wir nichts machen.«
Henry ist traurig und wütend. Am liebsten würde er jetzt gleich im Park neue Stöcke suchen und eine geheime Stockecke aufmachen. Aber Mama muss noch einkaufen und er muss mit. Für den Kindergarten ist es jetzt sowieso zu spät.
»Frau Bernkötter ist doof!«, sagt Henry, als sie wieder

nach Hause gehen. »Die mag ich nicht. Weißt du, was der Giftelefante macht, wenn er eine Frau nicht mag?« Henry guckt Mama fragend an.

»Nein«, sagt Mama. »Das weiß ich nicht.«

»Wenn der Giftelefante eine Frau nicht mag«, sagt Henry, »dann zieht er der die Handschuhe aus, die Mütze und den Schal. Dass die Frau friert. Der Giftelefante friert nie. Er hat ja das Fell vom Orang-Utan.«

Und dann rennt er in einen Laubhaufen, dass die Blätter nur so herumwirbeln.

Manchmal muss Paula Pelzchen eben umziehen

Henry hat sein ganzes Zimmer voll Spinnen. An der Fensterscheibe hängt weißes Gespinst, in dem mittendrin eine Schwarze Witwe aus Plastik sitzt. Die ist besonders gefährlich. Außerdem hat er noch einen Schuhkarton voll Vogelspinnen. Und eine besonders schöne aus samtweichem hellbraunem Stoff. Sie heißt Paula Pelzchen. Henry kann seine Hand reinstecken und mit den Fingern die Beine bewegen. Allerdings nicht alle auf einmal. Denn Spinnen haben acht Beine und Henrys Hand hat nur fünf Finger.

Zwei Tage lang probiert Henry schon aus, wie er seine Hand drehen und wenden muss, wie er seine Finger strecken muss, damit Paula wie eine echte Spinne aus-

sieht. Da wird Kiki staunen. Gleich kommt sie zum Spielen. Sie bringt ihre Mutter mit. Nicht zum Spielen, sondern zum Kaffeetrinken.

Endlich schellt es. Henry hat schon seit einer Stunde die samtweiche Spinne über die Hand gestülpt. Jetzt versteckt er sich hinter der Küchentür. Und gerade, als Kiki

an der Küche vorbeilaufen will, springt Henry aus seinem Versteck und hält ihr Paula unter die Nase.

»Huah!«, schreit er so laut, dass Kikis Mama sich an den Busen fasst.

Kiki schreit auch, aber nicht, weil sie Henry beim Erschrecken helfen will, sondern weil sie vor Spinnen Angst hat. Ganz schreckliche Angst sogar. Egal, ob sie echt sind oder aus Plastik oder aus weichem Samt.

Kiki rennt raus ins Treppenhaus. Sie schreit nicht mehr, aber dafür schluchzt sie so sehr, dass ihr Bauch wackelt. Sie will nicht mehr in Henrys Wohnung.

Sie will sofort nach Haus. Die Tür knallt zu und Mama muss ihren Kaffee alleine trinken.

Henry setzt sich zu Mama an den Tisch. Er schüttelt Paula Pelzchen ab. Er hat sich so auf das Spielen gefreut. Und jetzt? Wie kann man vor so einer schönen Spinne so viel Angst haben? Ob Kiki jetzt für immer

sauer ist und nie mehr zum Spielen kommt? Henry hat auf einmal so ein ganz komisches Gefühl im Bauch.
»Du musst Kiki versprechen, dass du alle Spinnen wegräumst, wenn sie dich besucht«, sagt Mama. »Dann kommt sie bestimmt wieder. Den Schuhkarton mit den Vogelspinnen kannst du ja in mein Zimmer stellen.«
»Und Paula muss dann eben auch umziehen«, sagt Henry und streichelt seiner Lieblingsspinne über den Kopf.
»Und die Schwarze Witwe . . .«, überlegt Mama laut.
»Da machen wir einfach die Vorhänge vor«, sagt Henry. Auf den Vorhängen fliegen zum Glück nur himmelblaue Gespenster herum. Und dass Kiki Gespenster mag, weiß Henry ganz genau.

Das Bleichgesicht muss büßen!

Henry ist mit Mama im Schrebergarten. Zum Nachbargarten gehört auch ein Junge. Er heißt Micha. Sobald er Henry entdeckt, kommt er angerannt wie ein geölter Blitz.

Heute wundert sich Micha allerdings. Henry ist nicht allein im Garten. Da ist noch ein anderes Kind, ein Mädchen mit Pippi-Langstrumpf-Zöpfen. Es sitzt mit Henry im Sandkasten. Sie bauen eine Burg. Jetzt steht das Mädchen auf, holt eine Gießkanne und sprüht die Burg ein. Micha steht etwas unschlüssig am Gartentörchen.

Soll er trotzdem reingehen und einfach fragen, ob er mitspielen darf?

Da entdeckt ihn Henrys Mutter: »Hallo, Micha!«, ruft sie. »Schön dich zu sehen!« Henry und Kiki schauen hoch.

»Jetzt können wir endlich ›Vater-Mutter-Kind‹ spielen«, ruft Kiki und springt freudig aus dem Sandkasten.

»Ich bin die Mutter, Henry der Vater und du das Kind!«, sagt Kiki. Dabei zieht sie das Spielhaus mitten auf den Rasen. Aber Micha will viel lieber mit Henry im Sandkasten baggern. Er beachtet Kiki gar nicht und setzt sich zu Henry in den Sand.

Laut brummend schiebt er einen bunten Plastikbagger über die Holzumrandung. Henry holt einen kleinen Indianer aus seiner Hosentasche. »Kann ich mitfahren?«, fragt der Indianer mit ernster Stimme. »Habe Pferd vergessen!« Der Bagger hält.

Kiki steht vor dem Spielhäuschen und hat so ein Gefühl, als müsse sie Micha ganz fest kneifen. Aber das darf man nicht, das weiß Kiki. Sie mag den Jungen nicht, der einfach vorbeimarschiert, mit Henry baggert und sie, Kiki, auf dem Rasen stehen lässt. Schnurstracks geht sie auf den Sandkasten zu.

Wenn sie den Jungen schon nicht kneifen darf, dann will sie ihn wenigstens ein bisschen mit Sand bewerfen.

Zack! Da hat Micha auch schon eine Hand voll abgekriegt. Er guckt sich verdattert um, sieht Kiki und rennt mit Indianer-Geheul hinter ihr her.

»Das Bleichgesicht muss büßen!«, schreit Micha.

Er hält Kiki im Schwitzkasten. Henry und Mama kommen angerannt.

»Aufhören!«, ruft Mama. Sie schimpft mit beiden und sagt, dass sie nach Hause gehen müssen, wenn sie sich nicht sofort vertragen. Schließlich will Mama in Ruhe Unkraut rupfen.

Und als am Abend Kikis Papa kommt, um Kiki abzuholen, sieht er drei Kinder, die beim Blumengießen helfen. Mit Wasserpistolen.

»Die spielen aber schön!«, sagt Kikis Papa und freut sich.

»Ja«, sagt Mama und macht ein extra grimmiges Gesicht, »und wer streiten will, kommt an den Marterpfahl!« Da lachen alle.

Ein Glück, dass Oma oben wohnt

Papa und Mama stehen vor dem Weihnachtsbaum und streiten so laut, dass Kiki alles verstehen kann.

»Ich will nicht so einen kunterbunten Weihnachtsbaum wie letztes Jahr«, sagt Mama. »Diesmal kommen nur Strohsterne dran und rote Schleifen. Und natürlich die Lichterkette.«

»Das ist doch langweilig«, sagt Papa. »Ein Bio-Weihnachtsbaum! Ohne Lametta! Da lachen ja die Hühner!«

»Lametta!«, sagt Mama und prustet laut los. »Wer hängt heutzutage noch Lametta dran!«

»Ich zum Beispiel«, sagt Papa todernst. »Und nicht nur Lametta, sondern auch goldene Kugeln, bunte Paradiesvögel und kleine dicke Engel, die Posaune blasen . . .!«

»Bist du noch zu retten?«, schimpft Mama.
»Und Süßigkeiten für Kiki hänge ich auch noch dran!
Dass du's nur weißt!« Papa ist richtig in Fahrt.
»Süßigkeiten sind ungesund«, schreit Mama. »Aber das ist dir ja egal!«
Kiki hat genug gehört. Wenn sich Papa und Mama den ganzen Tag anmeckern, dann geht sie lieber zu Oma. Aber besser nur bis morgen. Morgen kommt nämlich das

Christkind, und das Christkind weiß ja nicht, dass Kiki bei Oma ist.

Sie stopft ihr Nachthemd in Mamas Einkaufstasche, legt Bärchen obendrauf und macht leise die Tür auf. Zum Glück wohnt Oma oben im Haus. Da braucht Kiki nur die Treppe hochzuschleichen.

Oma freut sich über den Überraschungsbesuch. Aber als sie hört, dass Mama und Papa gar nicht wissen, wo Kiki jetzt steckt, ruft sie kurzerhand bei Mama an.

»Sonst machen sich deine Eltern große Sorgen, wo du abgeblieben bist«, erklärt Oma, als sie die Nummer wählt.

»Kiki schläft heut bei mir!«, sagt Oma kurz darauf ins Telefon. »Dann könnt ihr euch in Ruhe wieder vertragen!«

»So«, sagt sie zu Kiki, »uns mach ich erst mal einen schönen, heißen Kakao.«

Und während Oma die Milch warmmacht, hockt Kiki am Küchenfenster und schaut den Schneeflocken zu, wie sie lautlos zur Erde segeln.

Kein guter Tag zum Anprobieren

Vieles, was Mama mag, mag Henry auch. Zum Beispiel Spagetti-Eis und Schwimmen. Zum Beispiel früh aufstehen. Oder Kaubonbons, die nach Zitrone schmecken, denn sauer macht lustig. Oder Schlangen anfassen, Entenfamilien zugucken oder die Farbe Türkis. Und den Schnee.

Aber etwas, das Mama sehr mag, hasst Henry. Nämlich Anprobieren! Am schlimmsten ist das Anprobieren, wenn Henry neue Wintersachen braucht. Dann ist es meist noch nicht richtig kalt, aber die Jacken, Hosen und Pullover, die Henry dann anziehen soll, sind so dick wie für einen Eiszapfen-Winter.

Einmal muss Henry gleich drei Hosen nacheinander probieren.

Jedes Mal fragt Mama: »Na, ist die schön?«

Und jedes Mal sagt Henry: »Nicht so gut!«

Das ist neu für Mama. Bisher hat Henry jede Hose angezogen, die Mama für ihn ausgesucht hat.
»Zu cool«, sagt Henry diesmal.
Mama wundert sich, die Verkäuferin fragt warum, aber Henry zuckt nur mit den Schultern und meint: »Kann ich nicht sagen.«
Er zieht die coole Hose aus und seine wieder an.

»Wir haben schon Winterjacken reinbekommen«, sagt die Verkäuferin und schleppt gleich vier auf einmal an. In der ersten sieht Henry aus wie ein eisblauer Luftballon, in der zweiten wie eine Apfelsine mit Kapuze und in der dritten wie ein kleiner Soldat. Die Verkäuferin guckt genervt und zeigt auf die vierte Jacke.

»Die hier ist was ganz Besonderes. Ein neues Material. Sie hält noch bei Temperaturen von minus 20 Grad Celsius warm!«

»Das muss ja nicht sein«, winkt Mama ab, als sie den Preis sieht. 225 Euro!

»Ich zieh nichts mehr an«, sagt Henry. »Mir ist so heiß, Mama!«

Seine Backen sind rot und an der Stirn kleben schon ein paar Haare fest.

»Im Winter bist du froh, wenn du so eine schöne warme Jacke hast«, sagt die Verkäuferin vorwurfsvoll und räumt alles auf. »Oder willst du einen Schnupfen bekommen?«

»Ich krieg keinen Schnupfen!«, sagt Henry trotzig.

»Jeder bekommt mal einen Schnupfen«, sagt die Verkäuferin.

»Nicht jeder!«, widerspricht Henry. »Der Giftelefante kriegt nie einen Schnupfen, weil er keine Nase hat. Um sich herum hat er Feuer. Aber es verbrennt ihn nicht.«

Jetzt sagt die Verkäuferin gar nichts mehr.

»Heute ist kein guter Tag zum Anprobieren!«, sagt Mama

beim Rausgehen. »Aber vielleicht ist heute ein guter Tag zum Eisessen!« Da hüpft Henry schon mal ein paar Meter vor. So freut er sich über Mama.

Die blöde Kartoffel

Heute ist Spieletag in der Bärengruppe. Katrin holt einen ganzen Stapel Spiele aus dem Schrank. An jedem Tisch sitzen vier Kinder und freuen sich schon. Henry sitzt am Memory-Tisch. Zusammen mit Kiki, Leon und Annabel. Leon verteilt die Memory-Kärtchen auf der Tischfläche. Natürlich mit dem Bild nach unten.
»Wer fängt an?«, fragt Anabel.

Keiner will Erster sein. So viel Glück kann man nämlich gar nicht haben, dass man gleich beim ersten Mal zwei gleiche Kärtchen aufdeckt.

Katrin soll kommen und Enemeneminkmank aufsagen, dann müssen sich Henry, Leon, Kiki und Annabel nicht streiten, wer anfangen muss.

»Ene mene mink mank, stink stank, ose pose packe dich, eia weia weg!«, zählt Katrin aus. Henry fängt an. Auf dem ersten Kärtchen ist ein blauer Schmetterling, auf dem zweiten Kärtchen eine Kartoffel. Jetzt ist Kiki dran. Sie deckt eine Kastanie auf und noch eine Kastanie! Glück gehabt! Das erste Pärchen für Kiki. Annabel hat eine Zitrone und einen Hirschkäfig und Leon den zweiten blauen Schmetterling und einen Seestern. Henry freut sich. Er deckt Leons Schmetterling auf und . . . So ein Mist! Die Kartoffel! Jetzt hat es Kiki ganz einfach. Zack, zack! Schon hat sie das zweite Pärchen, die blauen

Schmetterlinge. Leon hat auch Glück, er kassiert die Hirschkäfer ein. Gerade ein Hirschkäfer! Die hätte Henry so gern gehabt.

In der nächsten Rund findet Henry den zweiten Seestern. Aber wo war denn gleich der erste? Hmm. Er muss überlegen.

»Mach schon!«, drängelt Leon.

Henry deckt ein Kärtchen auf und . . . wieder die Kartoffel. Alle lachen. Henry ist der Einzige, der noch gar kein Pärchen hat. Und als ihm Leon dann auch noch die Kartoffel vor der Nase wegschnappt, wird Henry so richtig wütend. Er springt auf. Mit beiden Händen wirbelt er die Kärtchen durcheinander und fegt sie vom Tisch.

Katrin kommt angerannt.

»So geht das aber nicht!«, schimpft sie. »Nur weil du verloren hast, kannst du doch nicht den anderen das Spiel verderben! Für heute guckst du nur noch beim Spielen zu!«

»Die Katrin hat so doll mit dir geschimpft, dass sie rote Backen davon gekriegt hat!«, sagt Kiki später zu Henry.

Aber Henry will nichts mehr davon hören.

»Der Giftelefante schimpft nie«, sagt er. »Der ist ganz lieb. Wenn ich zum Aqua-Zoo fahren will, fährt er auch, wenn ich nicht ›bitte‹ sage. Aber ich brauch nicht das ganze Wort sagen. Ich brauch nur ›Aqua‹ sagen. Mehr nicht. Dann fährt er schon.«

Ein Arm voll Rosen

Heute hat Kiki kein schönes Leben. Draußen regnet es, Henry ist im Urlaub und Mama hat schlechte Laune. Sogar sehr schlechte Laune, weil Kiki beim Einkaufen genervt hat. Sie wollte unbedingt ein Überraschungsei haben. Aber Mama wollte keins kaufen, weil Kiki schon gestern und vorgestern eins gekriegt hat.

»Einmal muss Schluss sein!«, hat Mama gesagt und dabei streng geguckt.

Da hat Kiki noch strenger zurückgeguckt und gesagt: »Quatsch mit Soße!«

Und ein bisschen hat sie auch mit dem Bein nach Mama getreten.

Kiki weiß, dass das gemein ist.

Sie wollte Mama auch gar nicht wirklich treten.

Sie war einfach nur wütend. So schrecklich wütend.

Jetzt sitzt Mama im Wohnzimmer mit ihrem Kopfhörer und hört Musik. Sie sieht überhaupt nicht so aus, als hätte sie Lust mit Kiki zu spielen. Zum Spielen muss man nämlich fröhlich sein. Aber wie kann Mama wieder fröhlich werden?

Lieb sein allein reicht nicht, denn Kiki ist schon den

ganzen Nachmittag lieb. Vielleicht freut sich Mama ja, wenn Kiki ihr Blumen schenkt! Wenn Papa Blumen mitbringt, umarmt und küsst sie ihn immer. So freut sie sich. Kiki denkt nach. Blumen wachsen im Garten. Manchmal schneidet Mama welche ab und stellt sie in eine Vase.

Kiki zieht sich ihre Gummistiefel an, ganz leise, steckt die Bastelschere ein und geht nach draußen. Am liebsten mag Mama Rosen. Egal, welche Farbe. Kiki schneidet zuerst eine rosafarbene ab, dann eine rote, dann wieder eine rosafarbene und dann noch eine und noch eine, egal, welche Farbe. Bis sie einen ganzen Arm voll hat. Überall pikst es.

Kiki hält ihre Nase in die bunten Blüten. Die Rosen riechen wie Mamas Parfüm. Da wird sie bestimmt wieder fröhlich werden. Und wenn es Mama nicht stört, dass der Vorgarten jetzt ein bisschen leer aussieht, kann Kiki vielleicht heute doch noch ein schönes Leben haben. Und Mama auch.

Als der liebe Gott nur zugeguckt hat

Henry liegt im Bett und kann einfach nicht einschlafen. Mama musste schon dreimal reinkommen. Erst war das Kissen so komisch, dass Henrys Kopf zu tief lag oder zu hoch. Dann hatte er ganz plötzlich Durst und danach fiel ihm ein, dass er Mama noch keinen richtigen Gute-Nacht-Kuss gegeben hat, und jetzt ruft er schon wieder nach Mama. »Nun reicht es aber!«, sagt Mama energisch und strengt sich an nicht böse zu sprechen. Sie will gar nicht wissen, was Henry schon wieder hat.

»Wir beten jetzt und dann schläfst du sofort ein!«, sagt sie und zieht die Bettdecke gerade.
Aber einschlafen auf Kommando, das geht leider nicht. Und beten geht heute auch nicht.
»Lieber Gott«, fängt Henry an und dann muss er sofort weinen. Die Tränen laufen nur so über seine Backen. Mama setzt sich auf die Bettkante und kramt ein Taschentuch hervor.

»Warum bist du so traurig? Erzähl mal«, sagt sie nach einer Weile und tupft die Tränen trocken.
»Es ist«, schluchzt Henry, »es ist, weil Kikis Meerschweinchen . . . tot ist.«
»Vielleicht war es schon sehr alt«, sagt Mama, »und hat schon ein langes, schönes Leben gehabt auf der Erde.«
»Aber der Hase«, sagt Henry, »der Hase ist jetzt ganz allein.«
Und da muss Mama noch ein Taschentuch hervorkramen, weil schon wieder neue Tränen kommen.

»Und der liebe Gott hat einfach zugeguckt!«, schluchzt er weiter. »Das ist so gemein vom lieben Gott.«

»Hm«, sagt Mama. Sie würde jetzt so gerne etwas sagen, das Henry trösten könnte. Aber ihr fällt nichts Gutes ein. Da legt sie sich einfach zu Henry ins Bett und kuschelt sich an seinen Rücken. Und ganz, ganz leise summt sie das Schlaflied, das sie immer gesungen hat, als Henry noch ein Baby war. Und dabei ist sie beinahe selbst eingeschlafen.

Allererste Geschichten vom Kuscheln und Liebhaben

Caroline Kuschelkatze

Julia hat viele Kuscheltiere. Tagsüber, wenn Julia im Kindergarten ist, sitzen die Kuscheltiere auf ihrer Bettdecke und spielen König und Königin. Das Kuschelkänguru ist die Königin, und Kroko, das Kuschelkrokodil, ist der König. Sie sitzen auf dem Kissenthron und kuscheln: Küsschen hier und Küsschen da.

Da kommt Prinz Karlchen, das kleine Kuschelhäschen, angehoppelt. »Mama, ich will auch kuscheln!«, piepst es und springt Königin Känguru in den Beutel. Karlchen kuschelt sich ganz tief rein. Nur seine Ohren spitzen raus.

»So schön möchte ich es auch haben«, seufzt ein Kuschelbär. »Aber dafür bin ich leider schon zu groß.«

»Mäh, bäh«, macht ein Kuschellämmchen. Es schmiegt sich an den Bären und da haben sie es auch schön kuschelig.

»Kribbelkrabbel!«, sagt Königin Känguru und krault den König am Rücken.

»Ah, voll gemütlich«, stöhnt König Kroko zufrieden. Dann fällt ihm etwas ein: »Wo ist eigentlich die Prinzessin, unsere Kuschelkatze Caroline?«

»Caroline«, befiehlt Königin Känguru. »Komm sofort zum Kuscheln!«

»Au-miau!«, maunzt Prinzessin Caroline. Sie hat sich unter der Bettdecke versteckt. »Ich mag heute nicht kuscheln. Immer nur kuscheln und im Fell rumwuscheln. Ich halt das einfach nicht mehr aus!«

Königin Känguru ist entsetzt: »Unmöglich, dann sind wir ja keine richtige Königskuschelfamilie mehr.«

Der Kuschelhasenprinz piepst erschrocken im Beutel: »Das geht nicht!«

Und König Kroko bleibt vor Staunen das Maul offen stehen. »Na, warte«, knurrt er. »Das sag ich Julia, wenn sie kommt. Da kannst du was erleben!«

Aber Prinzessin Caroline macht das gar nichts aus. Sie hüpft von der Bettdecke runter und spielt mit den Kuschelmäusen Fangen und Verstecken, bis es Abend wird.

Da kommt Julia ins Kinderzimmer. »Wo ist Caroline?«, fragt sie ihre Kuscheltiere.

»Fort«, sagt Königin Känguru traurig.

»Abgehauen«, piepst Prinz Karlchen.

»Sie mag nicht kuscheln, das böse Kind«, knurrt König Kroko. »Du musst sie bestrafen!«

»Alter Knallkopf!«, sagt Julia und sucht Caroline im Kinderzimmer, überall, sogar unterm Bett. »Da bist du ja«, lacht sie und klopft den Staub von ihrer Kuschelkatze. Dann wirft sie alle Tiere aus dem Bett. Nur Caroline darf mit rein.

Die Kuschelkatzen-Prinzessin schmiegt sich eng an Julia. »Jetzt mag ich kuscheln«, schnurrt sie. »Jetzt, und nur mit dir.«

Mann, Florian!

Heute hat Florian nur Pech. Schon vormittags auf dem Spielplatz will ein anderer Junge mit seinem Kipplader spielen. Es gibt Zoff, und Florian muss nachgeben, weil der andere Junge stärker ist. Gemein!

Zum Mittagessen gibt es Karottengemüse. Florian hasst Karottengemüse. Aber er soll drei Löffel essen. Einen für

Mama, einen für Papa und einen für Alexander, seinen großen Bruder.

»Ich bin doch kein Baby mehr«, ruft Florian und spuckt die Karotten wieder aus. Da wird Mama zornig. Sie lässt Florian allein und telefoniert ganz lange mit ihrer Freundin.

Florian schleicht sich in Alexanders Zimmer und schaltet den Computer ein. Da gibt es so ein super Spiel. Jetzt ist er ein Spion und muss in unterirdischen Gängen alle abknallen, ganz schnell. PENG, BRCHOMM, WHAMM!

Plötzlich kommt Alexander nach Hause und brüllt Florian an: »Du hast sie wohl nicht mehr alle, Mann! Wie oft hab ich dir schon gesagt, dass du nicht mit meinem Computer spielen darfst. Gleich knall ich dir eine!«

Aber Florian ist schneller. Beim Abendessen hat er schon wieder Pech. Papa hält ihm eine Banane zum Abbeißen hin und dann zieht er sie zum Spaß wieder weg. Beim zweiten Mal ist Florian schneller. Er erwischt nicht nur die Banane, sondern auch Papas Finger.

Papa brüllt laut, weil es so weh tut, und Florian muss sofort ins Bett. Aber er kann nicht einschlafen, weil er so traurig ist. So viel Pech an einem Tag!

»Ein Mann weint nicht«, hat Alexander neulich gesagt. Florian wischt sich die Tränen weg. »Ob Männer kuscheln dürfen?«, überlegt er. Florian steht wieder auf, schleicht zum Wohnzimmer und öffnet die Tür. Papa und Mama schauen fern.

»Was ist los, Florian?«, fragt Mama genervt.

»Papa, dürfen Männer kuscheln?«, flüstert Florian.

»Was?«, ruft Papa. »Sprich lauter, Florian!«

»Kuscheln!«, brüllt Florian. »Dürfen Männer kuscheln?«

»Aber immer!«, sagt Papa. »Klar dürfen Männer kuscheln.« Er legt den Kopf an Mamas Schulter. Mama streichelt ihn.

Und dann darf Florian noch ein bisschen auf Papas Schoß kuscheln.

Sophies Schutzengel

Sophie hat einen Schutzengel, den kann nur sie sehen. Er heißt Gabriel. Sophie geht nicht gern ins Bett, aber sie muss. Jeden Abend. Gabriel sitzt auf der Bettkante.

»Ich kann nicht einschlafen, Gabriel«, sagt Sophie.

»Dreh dich auf den Bauch«, meint Gabriel. »Vielleicht geht's dann.«

Sophie dreht sich auf den Bauch, schließt die Augen und atmet tief ein und aus. Es geht nicht. Auch nicht auf dem Rücken und auf der Seite. »Bitte, Gabriel, komm zu mir ins Bett«, sagt Sophie, »dann kann ich sicher schlafen!«

Sophies Schutzengel seufzt. »Also gut, mach Platz!«

Sophie rückt zur Seite, Gabriel legt sich ins Bett und breitet einen Flügel aus. »Komm, kuschel dich da drauf!« Mit dem anderen Flügel deckt er Sophie zu.

»Das kitzelt!«, kichert Sophie. Jetzt ist sie hellwach und hopst herum.

Gabriels Geduld ist zu Ende. Außerdem hat er Angst um seine Federn. Sie werden zerdrückt. »Dann kann ich nicht mehr fliegen«, sagt er.

»Au ja, fliegen«, ruft Sophie. »Ich möchte mit dir fliegen.«

Gabriel seufzt: »Was du alles willst.« Aber er setzt sich auf, schüttelt die Federn zurecht und sagt: »Halt dich gut fest!«

Sophie klettert auf Gabriels Rücken zwischen die Flügel und schlingt ihre Arme um seinen Hals. Dann fliegt der Schutzengel aus dem offenen Kinderzimmerfenster in die Nacht hinaus. Der Wind zischt an Sophies Ohren vorbei. Der Engel schlägt seine Flügel langsam auf und ab wie ein riesiger Schwan. Sie drehen eine Runde über dem Haus, dann schraubt sich Gabriel immer höher hinauf.

»Wo fliegen wir hin?«, ruft Sophie.

»In den Himmel«, sagt Gabriel. »Wohin denn sonst?«

Unten wird die Erde kleiner. Die Städte glitzern wie Lichterinseln und die Autobahnen blinken wie winzige Lichterketten. Oben werden die Sterne immer heller.

»Schau, der Mond!«, sagt Gabriel. Aber Sophie antwortet nicht. Sie ist eingeschlafen.

»Na endlich«, seufzt Gabriel. Er nimmt Sophie in die Arme, damit sie nicht abrutscht, und fliegt im Sturzflug wieder runter, WUSCH!, rein ins Sophies Zimmer, hin zu Sophies Bett.

Gabriel lächelt: »Schlaf gut, Sophie, du meine liebe Plage!« Dann deckt er sie zu, fliegt aufs Spielzeugregal und gönnt sich selbst auch ein kleines Schläfchen.

Der Löwe mit den goldenen Augen

Jede Nacht träumt Max von einem Löwen. Es ist furchtbar, weil der Löwe so wirklich ist. Er steht ganz nah vor Max, riesig und regungslos. Max kann jedes einzelne Haar in seinem Gesicht und die ernsten, goldenen Augen erkennen. Max kann ihn sogar riechen. Der Löwe

riecht wild. Wild und stark. Er schaut Max an, und Max schaut den Löwen an. Sonst passiert nichts. Aber Max wacht davon jedes Mal auf und traut sich fast nicht wieder einzuschlafen.

Max überlegt. Was will der Löwe von ihm? In der nächsten Nacht, als der Löwe wieder vor ihm steht, nimmt Max all seinen Mut zusammen und fragt: »Was willst du?«

Der Löwe blickt ihn mit den goldenen Augen an und plötzlich weiß Max, was der Löwe will: Er will einen Namen. Ob er wohl Leo heißt? Nein, so heißen alle Löwen. Das kann nicht der richtige Name sein.

»Johannes«, sagt Max, einfach so.
Johannes, so hieß sein Großvater. Der war auch so stark und wild. Aber er ist leider schon tot. Max vermisst ihn. Der Großvater und er haben viel miteinander gemacht. Sie haben im Wald Pilze gesucht, Indianer getroffen und Löwen gejagt. Jetzt traut sich Max alleine nicht mehr in

den Wald. Wegen der Indianer und auch wegen der Löwen.

Der Löwe Johannes brüllt. Max fürchtet sich überhaupt nicht. Das Gebrüll ist herrlich! Max brüllt mit, laut und froh. Da schiebt sich Johannes eng an Max und hält still. Max fasst ihm in die Mähne und steigt auf seinen Rücken. Der Löwe geht langsam in die gelbe Steppe hinaus. Am Horizont liegen grüne Hügel.

Max legt sein Gesicht in die Löwenmähne. Sie ist weich und warm. Er spürt an Brust und Bauch, wie sich der Löwe bewegt. Stark und sicher, genau wie Großvater. Max fühlt sich beschützt und geborgen.

Blödes Baby!

»Du nicht auch noch«, sagt Mama, als Charlotte auf ihren Schoß klettern will, denn da sitzt schon das Bobbi-Baby.

»Blödes Baby!«, sagt Charlotte und zwickt es. Bobbi schreit.

»Charlotte, lass Bobbi in Ruhe!«, sagt Mama. »Geh raus zum Spielen!«

Charlotte geht raus. »Blöde Mama!«, sagt sie im Treppenhaus. »Blöde Mama, blödes Baby!«

Draußen spielt Vincent mit seinem ferngesteuerten Auto. Er lässt es durch den Hof knattern. Es rast an den Tonnen entlang, unter der Bank durch und über Charlottes Füße drüber. »Lass mich auch mal!«, sagt Charlotte.

Aber Vincent gibt die Fernsteuerung nicht her.

»Du bist blöd!«, sagt Charlotte.

»Selber blöd!«, sagt Vincent.

»Hau doch ab!«, schreit Charlotte. »Blöder Vincent!«

Jetzt ist Charlotte ganz allein. Sie versteckt sich unter

der Bank neben der Papiertonne. Das ist jetzt ihre Höhle. Und sie ist ein böser, gefährlicher Drache.
Schritte knirschen auf dem Kies. Der Drache lugt aus

seiner Höhle. Es ist Charlottes Oma. »Charlotte«, sagt Oma, »bist du das?«

»Nein«, sagt der Drache. »Das bin ich nicht. Ich bin ein gefährlicher Drache. Geh weg! Geh doch zum Bobbi-Baby, sonst fresse ich dich!«

Aber Oma geht nicht weg. Oma setzt sich auf die Bank und kramt in ihrer Tasche.

Der Drache hält es nicht mehr aus. »Oma«, fragt er, »was machst du da?«

»Ich schau mir ein Bilderbuch an«, sagt Oma. »Das hab ich eigentlich Charlotte mitgebracht. Aber leider ist sie heute nicht da.«

Der böse Drache wird neugierig und krabbelt aus seinem Versteck.

Da schaut Mama zum Balkon runter. »Hallo, Mutter!«, sagt sie. »Gut, dass du da bist. Kannst du kurz auf Bobbi aufpassen?«

»Nein«, sagt Oma. »Heute habe ich leider keine Zeit für das Baby. Heute habe ich nur Zeit für Charlotte.«

Da klettert der Drache auf Omas Schoß. Oma hält ihn gut fest. Und nun verwandelt sich der böse Drache wieder in Charlotte.

»Lies vor, Oma!«, sagt sie.

Oma liest das Bilderbuch vor und Charlotte kuschelt sich an sie. Oma ist weich und warm und nur für sie da.

Peri Plumpsack

Elfen sind ganz klein und zart. Sie haben regenbogenfarbene Flügel wie Libellen. Jeden Abend flog Peri, die kleine Blumenelfe, in der Dämmerung auf die Wiese am Waldrand. Sie kam immer ein bisschen zu spät. Die anderen Elfen schwebten schon wie leichter Nebel über Butterblumen, Gänseblümchen und Hahnenfuß. Die Nachtigallen sangen und Grillen zirpten.

Peri tanzte am liebsten auf einer Margerite. Die ist schön breit und man fällt nicht so leicht runter. Plumps! Da war es schon wieder passiert: Peri hatte das Gleichgewicht verloren und war von ihrer Margerite geplumpst.

Die anderen Elfen lachten: »Peri Plumpsack, du schaffst es nie!«

Das stimmte, Peri war nicht so zierlich und zart wie die anderen. Sie war dick, eine dicke, kleine Blumenelfe. Sie aß nämlich so gerne Blütenstaubkekse, Borkenschokolade und Tannenharzbonbons.

Da saß Peri nun im nassen Gras und weinte ein bisschen. Sie fühlte sich so schlecht. Zum Trost knabberte sie ein großes Stück Borkenschokolade. Sie hatte immer welche dabei.

»He, steh auf!«, sagte jemand. »Du erkältest dich sonst noch.«

»Hatschi, ist mir doch egal«, schniefte Peri. »Wer bist du überhaupt?«

»Ich bin Willi Wichtel«, sagte der Zwerg, der vor ihr stand. »Du gefällst mir, weil du nicht wie die anderen Elfen bist, so grässlich dünn.«

Peri konnte es kaum glauben. »Wirklich? Ha-ha-hatschi!«
Willi Wichtel nahm Peri bei der Hand und sagte: »Komm mit in meine Höhle! Da ist es warm. Ich mach dir einen Kamillentee.«
Peri Plumpsack ging mit. Und wirklich, in Willis Höhle

war es voll gemütlich. Ein kleiner Ofen bullerte und obendrauf surrte ein Teekessel. Willi wickelte Peri in eine warme Wolldecke. Sie kuschelte sich auf das Sofa zwischen die Kissen. Dann bekam sie eine Tasse Kamillentee und zusammen aßen sie Peris restliche Schokolade auf.

Plötzlich schluchzte die kleine dicke Elfe wieder: »Ich schaff es nie!«

»Was denn?«, fragte Willi.

»Oben auf der Blume zu bleiben.«

»Dann bleib doch unten«, meinte der Zwerg. »Bleib auf dem Boden, Peri! Warum machst du nicht Erdbodenballett?«

»Gute Idee«, lachte Peri.

Und sie wurde die beste Erdbodenballetttänzerin auf der Wiese am Waldrand.

Tinas Schmuddelbär

Mama liest Tina noch eine Gutenachtgeschichte vor und dann ist Schluss für heute.

»Gute Nacht!«, sagt Mama und gibt Tina einen Kuss.

»Gute Nacht, Mama!«, sagt Tina. »Gute Nacht, Bärli!« Sie gibt ihrem Kuschelbären auch einen Kuss. Nanu, da

stimmt doch was nicht! Tina schnuppert an Bärlis Fell.
»Mama«, sagt sie, »mein Bärli riecht so komisch!«
Mama muss auch an Bärli riechen. »Gar nicht komisch«, sagt sie. »Ich hab deinen alten Schmuddelbären gewaschen. Er war furchtbar dreckig. Jetzt ist er wieder schön sauber und flauschig.«
Das stimmt. Trotzdem kann Tina fast nicht einschlafen, weil Bärli einfach nicht richtig riecht.
Am anderen Morgen sitzt Tinas Kuschelbär mit am Frühstückstisch. Bärli darf einen Schluck Kakao trinken und von Tinas Brot abbeißen. Bärli brummt zufrieden.

»Lecker, was?«, sagt Tina. »Ist ja auch Erdbeermarmelade drauf.«

Dann nimmt sie ihren Kuschelbären in den Kindergarten mit. Dort darf er im Sandkasten spielen. Tina und ihre Freundin graben einen tiefen Tunnel. Mal sehen, ob Bärli durchpasst. Es klappt, aber jetzt hat er das Fell voller Sand.

»Du alter Schmuddelbär!«, sagt Tina und klopft ihn aus. Aber es ist immer noch Sand in seinem Fell. Da muss Bärli sich in der Wiese wälzen, Purzelbaum schlagen und Handstand machen. Bärli brummt zufrieden. Später darf er sogar mit Tina ein Bild malen. Er mag am liebsten Rot. Gelb und Grün und Blau mag er auch.

»Alter Schmuddelbär!«, sagt Tina. »Jetzt hast du dich schon wieder voll gekleckert. Kannst du nicht besser aufpassen?«

Tina und ihre Freundin schrubben Bärli am Waschbecken sauber. Aber die Farben sind wasserfest und deshalb geht nicht alles raus. Danach muss Bärli draußen in der Sonne trocknen. Das mag er. Er brummt zufrieden.

Als Mama Tina vom Kindergarten abholt, schlägt sie die Hände über dem Kopf zusammen. »Ach du liebe Zeit! Jetzt ist dein Bärli schon wieder so ein Schmuddelbär!«

Tina drückt Bärli an ihre Nase. »Aber jetzt riecht er wieder richtig«, sagt sie zufrieden.

Und Bärli brummt dazu.

Ein schönes Piratenleben

Anna ist ein Piratenmädchen und hat ein schönes Leben, zusammen mit ihren Pirateneltern Mama Mathilde und Papa Paul. Mit ihrem Piratenschiff sind sie auf einer Insel gelandet, weil sie frisches Trinkwasser und eine Ladung Kokosnüsse brauchen. Papa Paul trägt die Fässer zur Quelle und schleppt sie wieder zurück. Er ist stark, obwohl er ein Holzbein hat. Anna klettert auf die Palmen und schüttelt Kokosnüsse runter und Mama Mathilde sammelt sie ein.

Anna schaut sich noch ein bisschen um, da entdeckt sie ein kleines Kaninchen. Es ist grau und hat einen schwarzen Fleck um das rechte Auge.

»Willst du mit mir kommen?«, fragt Anna. Das Kaninchen hat nichts dagegen. Es lässt sich sogar streicheln und ist so süß.

Am Strand ruft der Piratenpapa Paul: »Alle Mann an Bord, aber schnell!« Er kann es kaum mehr erwarten, wieder in See zu stechen. »Beeilung! Na, wird's bald?«

»Hetz nicht so!«, sagt Mama Mathilde. »Ich könnte ewig auf dieser schönen Insel bleiben. Auf dem Schiff muss ich immer nur kochen, das Deck schrubben und die Segel flicken.« – »Wo bleibt Anna?«, fragt Papa Paul. »Immer muss sie trödeln.«

Aber Anna trödelt nicht, Anna sammelt gerade Gras und Blätter für ihr Kaninchen, damit es auf dem Schiff auch frisches Futter hat.

»Anna!«, brüllt der Piratenpapa.

»Komme gleich«, ruft Anna. Sie streichelt ihr Kaninchen und sagt: »Auf unserem Schiff wird es dir bestimmt gefallen.«

Papa Paul ist entsetzt: »Kommt gar nicht in Frage«, sagt er. »Ein Kaninchen gehört nicht auf ein Piratenschiff.«

»Aber es ist ein Piratenkaninchen«, sagt Anna. »Schau mal, Papa! Es hat einen schwarzen Fleck ums Auge.«

»Wie eine Augenklappe«, sagt Mama Mathilde. »Lass es ihr doch!«

»Nein, nein, nein«, sagt Papa Paul und stampft mit seinem Holzbein auf.
»Dann komm ich nicht mit«, sagt Anna. »Ich bleibe mit meinem Kaninchen auf der Insel.«
»Ich auch«, sagt Mutter Mathilde.
Da bleibt Papa Paul nichts übrig. Er muss Anna erlauben, dass sie ihr Piratenkaninchen behalten darf.
Das Schiff fährt übers Meer. Der Wind bläht die Segel. Papa Paul steht am Steuer und singt ein Piratenlied. Mama Mathilde singt die zweite Stimme dazu. Das klingt wunderschön. Zum Abendessen hat es frische Kokosnüsse gegeben. Jetzt liegt Anna in ihrer Hängematte. Das Kaninchen kuschelt sich in ihren Arm. Die Wellen schlagen leise, plitsch-platsch, ans Schiff. Es schaukelt, und Annas Hängematte schaukelt mit. Anna ist glücklich. Sie hat wirklich ein schönes Leben.

Das Geisterbahn-Gespenst

Es ist Nacht auf dem Rummelplatz. Die Leute sind schon lange nach Hause gegangen. Alle Lichter sind aus. Die Buden haben geschlossen. Das Karussell steht still. Die Flöhe vom Flohzirkus schlafen. Nur in der Geisterbahn rührt sich was. »Ich will auch mal auf dem Rummelplatz herumrummeln«, ruft Eddi, das kleinste Gespenst in der Geisterbahn. »Ich will auch mal Spaß haben. Immer muss ich die Leute erschrecken: aus meiner Truhe sprin-

gen, mit den Zähnen knirschen, mit den Ketten klirren und mit Knochen klappern. Das ist doch kein Leben!«
Eddi springt aus seiner Truhe, knirscht mit den Zähnen, klirrt mit der Kette und klappert mit den Knochen. Dann schlüpft er aus der Geisterbahn. Er weckt die Flöhe vom Flohzirkus auf. »Kommt mit, wir wollen Karussell fahren!« Die Flöhe sind begeistert. Sie springen auf die Holzpferdchen. Eddi setzt sich auf den Elefanten. Sie drehen sich im Kreis, dreimal, viermal, fünfmal, sechsmal.

»Genug!«, ruft Eddi. »Mir ist schon ganz schwindelig. Jetzt wollen wir vom Toboggan rutschen.« Hui, wie das flutscht! Eddi und die Flöhe rutschen fünfundzwanzigmal vom Toboggan. Dann wollen die Flöhe was Süßes.
»Wie wär's mit Zuckerwatte?«, fragt Eddi.
Sie springen und huschen miteinander zur Zuckerwattebude. Eddi stellt den Kupferkessel an und lässt Zucker hineinrieseln, eine ganze große, dicke Tüte. Der Kessel dreht sich und die Zuckerwatte steigt nach oben. Immer mehr, immer höher.
»Halt!«, ruft Eddi. Aber der Kessel dreht und dreht sich, die Watte steigt und steigt und wird zu einer riesigen, rosa Wolke.

Eddi kichert. Er springt mit einem Satz kopfüber hinein, die Flöhe hinterher. Sie bleiben drin kleben. Eddi muss sie alle wieder befreien. Die Flöhe knabbern sich gegenseitig die Zuckerwatte ab. Lecker-schlecker!
In der Ferne kräht ein Hahn.
»Bald wird es hell«, sagt Eddi. »Husch, husch!«
Die Flöhe springen zurück zum Flohzirkus.
Eddi packt die Zuckerwatte und schwebt zur Geisterbahn. Er legt die weiche Wolke in seine Truhe, knirscht noch ein bisschen mit den Zähnen, klirrt noch ein wenig mit den Ketten und klappert zufrieden mit den Knochen. Dann kuschelt er sich in seine rosa Zuckerwattewolke und schläft auf der Stelle ein.

Die Schneefrau

Nikki, der Eskimojunge, stapft durch den Schnee. Er zieht seinen leeren Schlitten hinter sich her. Nikki war fischen. Mit der Axt hatte er ein Loch ins Eis gehackt und die Angel ins Wasser gehalten, stundenlang. Aber kein Fisch hat angebissen. Mutter wird traurig sein, wenn ich keine Fische nach Hause bringe, denkt Nikki.

Nikkis Vater ist auf Robbenjagd gegangen und er hätte schon vor vielen Tagen zurück sein müssen. Gestern hat Nikki das letzte Stück Fleisch von seiner Mutter bekommen. Sie selbst hat nur Schneewasser getrunken. Wenn sie nicht verhungern wollen, muss Nikki Fische fangen. Aber es ist zwecklos.

Mutlos stapft der Eskimojunge nach Hause. Da fängt es an zu schneien. Immer dichter fallen die Flocken, immer schärfer weht der eisige Wind. Nikkis Gesicht brennt. Der Schnee verklebt ihm die Augen. Nikki ist schwach vor Hunger und schrecklich müde. Jetzt ein wenig ausruhen, denkt er und will sich auf seinen Schlitten setzen. Da sieht er Mutters Gesicht mit ihren großen schwarzen Augen vor sich.

»Nein, Nikki«, sagt sie. »Du darfst dich nicht ausruhen, sonst kommt die Schneefrau und holt dich.«

Nikki geht weiter, mühsam, Schritt für Schritt. Plötzlich stolpert er und fällt in eine weiche Schneewehe. Nur ein bisschen, denkt er. Nur ein kleines bisschen in den Schnee kuscheln. Nikki schließt die Augen. Es wird ihm wohlig warm und leicht. Sogar der Hunger ist weg.

Große schwarze Augen schauen ihn liebevoll an. »Komm mit, kleiner Nikki!«, sagt eine Stimme.

»Wer bist du?«, murmelt er.

»Ich bin die Schneefrau«, sagt sie leise und nimmt Nikki in ihre Arme.

»Nein«, schreit Nikki. »Lass mich los!« Er strampelt und schlägt verzweifelt um sich. Nikki kämpft um sein Leben. Da fährt ein heißer Schmerz in seinen Arm. Nikki schlägt die Augen auf. Er hat sich den Arm am Schlitten angeschlagen. Mit neuer Kraft macht sich der Eskimojunge auf den Weg. Als der Iglu endlich aus der Schneewüste auftaucht, rennt Nikki das letzte Stück. Atemlos kriecht er durch den Eingangstunnel. Drinnen ist es warm und Vater ist wieder da. Er hat frisches Robbenfleisch gebracht. Jetzt kann Nikki nachgeben, jetzt kann er ausruhen. Seine Mutter nimmt ihn zärtlich in die Arme.

Die Biene Sabine

Sabine ist eine fleißige Biene. Schon am frühen Morgen, wenn die Sonne aufgeht, steht sie auf und putzt sich die Flügel. Dann fliegt Sabine los, immer der Nase nach. Ah, wie es duftet! Es riecht nach Sommer und nach, nach . . . »Rosen!«, ruft Sabine begeistert. »Oh, so viele Rosen.« Sie landet auf den roten Blütenblättern. Die kleine Biene taucht ihr Rüsselchen in den Nektar und trinkt. Mhm, lecker! Sabine krabbelt zur nächsten Blüte. Dabei bleibt der Blütenstaub an ihren Hinterbeinen hängen. Jetzt hat sie gelbe Höschen.

»So viele Rosen«, summt Sabine aufgeregt. »Das muss ich den anderen sagen.« Sie schwirrt schnell zum Bienenstock zurück.

»Halt, wer da?«, fragt die Wächterin.

»Ich bin's, Sabine«, summt Sabine. »Ich habe Rosen gefunden. Tausend, Millionen, ganz, ganz viele.«

»Gut gemacht!«, sagt die Wächterin. »Rosenhonig ist toll. Du darfst rein.« Im Bienenstock wimmelt es nur so. Es werden Waben aus Wachs gebaut. Das sind die Wiegen für die neuen Bienenbabys.

Sabine wuselt herum und findet bald ihre Freundinnen Kathrine, Filippine und Angeline. »Rosen!«, ruft Sabine.

»Wo?«, fragt Kathrine.

Sabine tanzt ihnen den Weg zu den Rosen vor. Sie summt dabei das Ringelrosenlied. Erst links herum, dann rechts herum.

»Auf zu den Rosen!«, ruft Angeline.

Und dann fliegen alle los. Summ-brumm.

»Wunderbar!«, sagen Sabines Freundinnen, als sie bei den Rosenbüschen angekommen sind. Sie stürzen sich in die Blüten und trinken und sammeln.

Ein Schmetterling will mit ihnen spielen. »Fangt mich doch!«, ruft er.

»Keine Zeit!«, sagt Sabine.

Eine dicke Hummel brummt: »Wollen wir ein bisschen plaudern?«

»Keine Zeit«, sagt Kathrine, »tut mir Leid!«

Die Bienen fliegen den ganzen Tag zwischen den Rosen und ihrem Bienenstock hin und her. Immer wieder streifen sie den Blütenstaub von den Beinen, spucken den Rosennektar drauf und kneten kleine Knödel. Die sind für die Babybienen. Sie warten schon ungeduldig in ihren Wachswiegen.

»Hör mal, wie sie schmatzen«, sagt Sabine.

»Es schmeckt ihnen eben«, lacht Kathrine.

Und dann kommt das Schönste: Abends kuscheln sich Sabine, Kathrine, Filippine und Angeline an ihre Königin. Ganz eng. Sie schwirren noch ein wenig mit den Flügeln, dann sind sie eingeschlafen. Summ-summ, brumm-brumm.

Auf dem Bauernhof

»Hunger!«, brüllen die Tiere im Stall. »Wo bleibt unser Abendessen?«

Der Bauer bringt den Pferden Heu und Hafer. »So, meine Schönen.«

Die Bäuerin füttert die Kühe mit Gras und Rübenschnitzeln. »Hier, meine Guten.«

Die Ferkel quieken: »Und wir, was kriegen wir?«

»Gleich kommt euer Kraftfutter«, sagt Franz, der Bauernjunge.

»Hier ist es schon«, sagt Marie, das Bauernmädchen. Sie kippt den Kübel in den Trog. »Drängelt nicht so!«

Draußen auf dem Hof bekommen die Hühner Körner und der Hahn bringt ihnen als Nachspeise einen dicken, fetten Wurm. Die Schwalben sausen zwitschernd durch die Luft. Sie jagen Fliegen und bringen sie ihren kleinen Schwälbchen. Die Nester kleben hoch oben unterm Dach. Nun stampfen die Pferde nicht mehr mit den Hufen, zufrieden malmen sie Heu und Hafer.

Die Kühe rasseln nicht mehr mit den Ketten, sie kauen ruhig mit ihren sanften Mäulern.

Die Schweine schlecken den Trog blitzeblank. Dann plumpsen sie pappsatt aufs Stroh. Es wird ruhig im Stall.

Der Bauer und die Bäuerin essen mit ihren Kindern in der Küche. Was kriegen sie? Brot und Butter, Wurst und Käse. Die Pferde schlafen im Stehen. Die Kühe legen sich nieder. Die Ferkel kuscheln sich aneinander. Der Hahn führt die Hühner ins Hühnerhaus. Sie flattern auf ihre Stangen und schlummern ein. Nur eine Henne, die Küken hat, setzt sich in ihr Nest. Sie breitet die Flügel aus und ihre Küken kuscheln sich drunter. Sie piepsen noch ein bisschen, ganz leise. Der Bauer und seine Frau gehen in ihr großes, breites Bett.

Und Franz und Marie? Sind sie nicht in ihren Betten?

Nein, Franz und Marie schlafen heute Nacht im Heu. Sie haben sich ein gemütliches Nest gebaut und kuscheln sich in ihre Schlafsäcke. Jetzt schlafen alle Tiere auf

dem Bauernhof und alle Menschen auch. Nur eine Maus raschelt im Stroh. Am Himmel wandert der Mond zwischen den Sternen. Er lächelt freundlich auf die Welt hinunter.

Allererste Freundschafts- geschichten

Das Schlossgespenst

Es ist Nacht. Der Mond scheint und die Fledermäuse flattern um den großen Turm der alten Burg. Ritter Konradin schläft. Da schlägt die Turmuhr zwölf Mal. Mitternacht. Konradin spürt, wie jemand an seiner Bettdecke zupft. Nicht schon wieder, denkt er. Jede Nacht dasselbe Theater! Und richtig! Als er die Augen öffnet, sieht er das Schlossgespenst. Es sitzt mitten auf seiner Bettdecke und schaut ihn an.

»Lass mich in Ruhe!«, schreit Konradin. »Ich will schlafen!«

»Geht nicht!«, antwortet das Schlossgespenst. »Ich muss hier spuken und dich ärgern. Das ist schließlich meine Aufgabe!« Und es beginnt ganz laut und schrecklich zu stöhnen. »Hast du jetzt Angst?«, fragt es den Ritter.

»Nein!«, sagt Konradin. »Ich habe Hunger!« Immer, wenn er sich ärgert, bekommt Ritter Konradin nämlich Hunger. Wütend stapft er in die Schlossküche und isst ein großes Stück Apfelkuchen. Ich werde das Gespenst schon vertreiben, denkt er. Gleich morgen gehe ich los und frage meine Freunde, wie man das macht.

Bei Sonnenaufgang ist Konradin schon unterwegs. Er steigt den großen grünen Hügel hinauf und trifft dort den Löwen.

»Guten Tag!«, sagt Konradin. »Ich will mein Schlossgespenst vertreiben. Weißt du, wie man das macht?«

Der Löwe überlegt lange und sagt dann bedächtig: »Du musst einfach nur brüllen wie ein Löwe. Probier's gleich mal aus!«

Und Konradin brüllt so laut, dass sich der Löwe die Ohren zuhalten muss.

»Danke, lieber Löwe!«, sagt er dann. »Das war ein prima Vorschlag!

Auf der Blumenwiese trifft er das Huhn.

»Guten Tag!«, sagt Konradin. »Ich will mein Schlossgespenst vertreiben. Weißt du, wie man das macht?«

Das Huhn stellt sich zum Nachdenken auf ein Bein und gackert dann: »Du musst nur wütend mit den Flügeln schlagen und mit dem Schnabel picken. Probier's gleich mal aus!«

Und Konradin wackelt so wild mit den Armen und dem Kopf, dass das Huhn sich in Sicherheit bringt.

»Danke, liebes Huhn!«, sagt er dann. »Das war eine gute Idee!«

Am Flussufer trifft Konradin die Schlange.

»Guten Tag!«, sagt er. »Ich will mein Schlossgespenst vertreiben. Weißt du, wie man das macht?«

Die Schlange muss gar nicht lange überlegen. »Du musst zischen!«, sagt sie. »Und dich dabei einringeln. Probier's gleich mal aus!«

Und Konradin ringelt sich auf dem Boden und zischt so gefährlich, dass die Schlange Reißaus nimmt.

»Danke, liebe Schlange!«, ruft Konradin ihr hinterher. »Das war ein kluger Rat!«

Als die Turmuhr Mitternacht schlägt, erlebt das Schlossgespenst eine Überraschung. Konradin steht in seinem Bett, brüllt wie ein Löwe und schlägt dabei wild mit den Armen. Er ringelt sich mit lautem Zischen auf seiner Bettdecke und wackelt gefährlich mit dem Kopf. Das sieht so komisch aus, dass das Gespenst Tränen lacht. Und weil Lachen ansteckend ist, kugeln die beiden vor lauter Lachen auf Konradins Bett herum. Seither sind Ritter Konradin und sein Schlossgespenst die allerbesten Freunde. Jede Nacht gehen sie gemeinsam los und erschrecken miteinander die Fledermäuse im großen, alten Turm.

Charlotte

»Noch einmal schlafen, dann komme ich in den Kindergarten!«, freut sich Paul. »Im Kindergarten ist es ganz toll! Da gibt es schöne Bastelsachen und viele Kinder, die mit mir spielen.«

Mama zwinkert Paul zu. »Ich hab dich lieb!«, sagt sie und drückt ihm einen Kuss auf die Backe. »Und jetzt Zähne putzen und ab ins Bett. Damit du morgen gut ausgeschlafen bist!«

Paul geht in sein Zimmer. Da wartet schon der dicke Bär auf ihn. Und der Hase mit den großen Ohren.

»Morgen komme ich in den Kindergarten!«, erklärt ihnen Paul. Der Bär guckt Paul mit seinen großen Knopfaugen an.

»Kindergarten ist klasse!«, brummt der Bär. »Nimm mich mit!«

Der Hase wackelt mit seinen langen Ohren. »Im Kindergarten ist es gar nicht schön!«, mümmelt er. »Die Mama ist nicht da, der Papa ist nicht da, die Oma ist nicht da!«
»Hör auf, das will ich nicht hören!«, sagt Paul. »Im Kindergarten ist es schön, das weiß ich!« Zur Strafe setzt er den Hasen hinter den Schrank. Paul will den Hasen nicht mehr sehen. Er erzählt so dumme Sachen. Die machen Paul Angst.

Der Bär darf heute Nacht bei Paul im Bett schlafen. Er ist weich und warm und kuschelig. Und er riecht nach Bär. Paul mag das.

Paul freut sich auf den Kindergarten. Aber irgendwie ist da auch so ein komisches Gefühl im Bauch. Es kribbelt, als wären Flugzeuge drin. Mama gibt Paul einen dicken Gutenachtkuss.

»Schlaf gut, mein Spätzchen, und träum was Schönes!«, flüstert sie und umarmt Paul. Ganz fest und ganz lange.

Da muss Paul ein bisschen weinen.

»Ist es so schlimm?«, fragt Mama.

Paul nickt und weint noch ein bisschen mehr. Und Mama nickt und drückt Paul noch ein bisschen mehr. Mama ist weich und warm und kuschelig. Und Mama riecht nach Mama. Paul mag das.

Paul träumt. Er sitzt in einem großen roten Feuerwehrauto. Mit Blaulicht fahren sie zum Kindergarten. »Schneller, schneller!«, schreit der Feuerwehrkommandant. »Dringender Einsatz! Paul muss im Kindergarten eine Legoburg bauen und im Sandkasten schwimmen und alle Hausschuhe aus dem Fenster werfen!«
Mit quietschenden Reifen halten sie vor dem Kindergarten. Paul steigt aus dem Feuerwehrauto aus. Da kommt ein Mädchen mit langen schwarzen Locken auf ihn zu und lacht ihn an.
»Hallo, Paul!«, sagt sie fröhlich. »Ich heiße Charlotte. Magst du mit mir spielen?« Und sie nimmt ihn an der Hand und führt ihn hinein.

Paul hat immer noch die Flugzeuge im Bauch, als er am nächsten Morgen an Mamas Hand zum Kindergarten läuft. Je näher sie dem Kindergarten kommen, umso langsamer läuft Paul. Irgendwie kommt er nicht vom Fleck. So als wenn seine Schuhe mit Kaugummi auf der Straße kleben würden. Mama öffnet die große Tür zum Kindergarten. Viele bunte Jacken hängen an den Garderobenhaken. Lustige Bilder schmücken die Wände. Und an der Decke baumeln glitzernde Sterne. Plötzlich steht ein kleines Mädchen mit frechen blonden Strubbelhaaren vor Paul.

»Wie heißt du?«, fragt sie neugierig.
»Paul!«, flüstert Paul.
»Ich heiße Lotte!«, lacht sie ihn an. »Magst du mit mir spielen?«
Und sie nimmt ihn an der Hand und führt ihn ins Spielzimmer.

Die Löwenjagd

Max und Laura schleichen durch das hohe Gras.
»Wir sind Forscher und fangen wilde Tiere!«, sagt Max.
»Ich hör schon einen Löwen brüllen.«
»Ist gut, aber sei vorsichtig!«, warnt Laura. »Der Löwe guckt so komisch. Ich glaub, er hat uns schon entdeckt.«
Neugierig betrachten die beiden die dicke Schnecke, die direkt vor ihrer Nase den Baumstamm hochkriecht.
»Ein Schneckenlöwe!«, flüstert Max. »Schneckenlöwen sind sehr gefährlich! Hast du dein Gewehr dabei?«
»Klar doch!«, sagt Laura. »Komm, wir müssen ihn umzingeln und mit ihm kämpfen!«
Laura schleicht auf die andere Seite des Baumes. Die Augen immer auf den wilden Schneckenlöwen gerichtet.
»Du musst ihn ablenken!«, sagt Laura. »Sonst frisst er mich!«
»Wie denn?«, fragt Max.
»Wackle mit den Ohren, dann muss er lachen. Und wenn

Schneckenlöwen lachen, dann können sie nicht beißen. Das weiß doch jedes Kind!«

»So 'n Quatsch!«, sagt Max. »Schneckenlöwen lachen nie! Die sind wild und gefährlich. Man kann sie nur fangen, wenn man stark und mutig ist. So wie ich!«

Max greift nach dem Schneckenlöwen. Denn Max hat keine Angst. Er ist stark und mutig. Aber der Schneckenlöwe brüllt und wehrt sich. Er zeigt seine spitzen Zähne und schlägt mit den Pranken. Doch Max ist stärker. Er packt den Schneckenlöwen, setzt ihn in eine kleine Schachtel und macht den Deckel zu.

So! Schneckenlöwe gefangen! Abenteuer bestanden!

»Lass mal sehn!«, sagt Laura und zupft am Deckel der Löwenschachtel.
»Das ist mein Schneckenlöwe!«, sagt Max. »Den hab ich gefangen. Denn ich bin stark und mutig! Der Schneckenlöwe gehört mir allein!«
Max steckt die Schachtel mit dem Schneckenlöwen in seine Hosentasche und rennt davon.
Laura findet das gemein. Dicke, traurige Tränen kullern über ihre Backen.

Am nächsten Morgen steht Max vor Lauras Gartentür.
»Der Schneckenlöwe ist ausgerissen!«, schluchzt er. »Ich hab ihn gestern Abend gefüttert und vergessen den De-

ckel wieder auf die Schachtel zu setzen. Und jetzt ist er weg! Einfach weg!«

Laura überlegt. »Komm!«, sagt sie dann. »Ich helf dir suchen.«

Laura sucht in der Kiste mit den Bauklötzen und Max schaut unter das Bett. Laura inspiziert den Schrank und Max guckt in die Stiftekiste. Der Schneckenlöwe ist nirgends zu sehen! Spurlos verschwunden. Da entdeckt Laura den Schneckenlöwen doch noch! Er sitzt auf dem Bettpfosten.

»Ich fang ihn!«, sagt Laura. »Denn ich bin stark und mutig!«

Mit einem Griff packt Laura den gefährlichen Schneckenlöwen und setzt ihn in die Schachtel. Der Schneckenlöwe hält ganz still und wehrt sich nicht. Laura weiß, warum: Der Schneckenlöwe will nach Hause.

Wenig später sitzen Max und Laura einträchtig unter dem Schneckenlöwenbaum auf der großen Wiese. Der Schneckenlöwe kriecht den Baumstamm hinauf.

»Schau mal, er lacht!«, ruft Laura. Und richtig. Der Schneckenlöwe lacht. Er freut sich. So ein spannendes Abenteuer erlebt man schließlich nicht alle Tage. Die anderen Schneckenlöwen werden staunen, wenn er ihnen davon erzählt. Wie gut, dass er so stark und mutig ist!

Die Nacht der Vampire

Krümel sitzt mit seinem Kätzchen Miezi auf der Gartenmauer und schaut die Straße hinunter. Er wartet auf Lilli und Ben. Das sind seine Freunde aus dem Kindergarten. Wo bleiben sie nur? Ungeduldig schiebt er seinen letzten Keks in den Mund. Eigentlich heißt Krümel Franz. Aber seine Freunde nennen ihn nur »Krümel«, weil er so gerne Kekse isst und ihm immer ein paar Krümel auf der Backe kleben.

Endlich kommen Lilli und Ben. Beide haben ihren

Schlafsack dabei. Denn heute dürfen die drei bei Krümels Opa übernachten. Im Garten, unter der großen Kastanie, schlagen sie ihr Zelt auf. Krümels Opa ist nett. Und er kann prima Spagetti kochen.

Nach dem Abendessen sitzen die Kinder mit Krümels Opa vor dem Zelteingang. Der Mond taucht die Blätter des Kastanienbaumes in silbernes Licht. Die kleine Miezi jagt einen Falter.
»Gut, dass ich viel Knoblauch in die Spagettisoße getan habe!«, sagt Opa.
»Wieso?«, fragt Krümel.
»Sicher ist sicher!«, meint Opa. »Wegen der Vampire. Man weiß ja nie!«
Krümel verschluckt sich vor Schreck an seinem Schokoladenkeks.
»Vampire?«, flüstert Lilli. »Gibt's denn hier Vampire?«
»Nun ja, vor hundert Jahren gab's hier welche, sagen die Leute«, antwortet Opa und lacht verschmitzt.
Ben rückt ein Stückchen näher an Opa heran. »Echte Vampire?«, fragt er.
Opa blickt sich vorsichtig nach allen Seiten um. »Das ist natürlich alles nur erfunden. Aber falls doch mal einer auftaucht, ist es besser, man hat Knoblauch gegessen. Oder Schokoladenkekse. Das mögen Vampire nämlich

gar nicht. Und deshalb lassen sie euch bestimmt in Ruhe.«

Opa hält Ben, Lilli und Krümel die Schachtel mit den Schokoladenkeksen hin. Hastig stecken sich die drei ein paar Kekse in den Mund. Der kleinen Miezi geben sie auch einen Keks. Sicher ist sicher.

Irgendetwas weckt Lilli mitten in der Nacht. Leise setzt sie sich auf und lauscht. Der Wind rauscht durch die Blätter der alten Kastanie, Ben schnarcht und Krümel schmatzt im Schlaf. Wahrscheinlich träumt er gerade von Keksen.

Lilli bemerkt, wie ein Schatten um das Zelt herumschleicht.
Vor Angst bekommt sie eine Gänsehaut. Wie gut, dass sie nicht alleine ist. Sie rüttelt Ben und Krümel wach.
Mit weit aufgerissenen Augen starrt Krümel auf den Schatten. »Ein Vampir!«, flüstert er, »schnell, esst noch einen Schokoladenkeks!«
»Unsinn!«, sagt Ben. »Kommt, wir sehen nach, wer da herumschleicht.«
Mutig steckt Ben seinen Kopf aus dem Zelt. Nun wagen auch Lilli und Krümel einen Blick nach draußen. Was für ein Schreck! Sie schauen geradewegs in ein paar blitzende grüne Augen!

Doch da muss Lilli lachen.

Vor ihnen steht die kleine Miezi und schnurrt. Mit hoch erhobenem Schwanz stolziert Miezi ins Zelt und macht sich über die restlichen Schokoladenkekse her. Die Kinder lachen.

»Du hast uns aber einen Schreck eingejagt, du kleine Vampirkatze!«, sagt Krümel und krault sie zärtlich. »Und alles nur, weil dir die Schokoladenkekse so gut schmecken!«

Besuch bei Ayse

Pia mag Ayse und Ayse mag Pia. Im Kindergarten machen sie alles gemeinsam. Sie bauen Türme aus bunten Bausteinen und spielen mit den Puppen in der Puppenecke. Ayse hilft Pia, die Schleifen an den Schuhen zu binden. Pia zeigt Ayse, wie man Ketten aus Löwenzahn bastelt. Und jeden Tag lässt Ayse Pia von ihrer Brotzeit abbeißen. Die schmeckt besonders lecker, weil Ayses Mama so gut backen kann.

Ayses Mama sieht ganz anders aus als Pias Mama. Sie trägt ein Kopftuch und lange Röcke. Auch wenn es draußen warm ist. Und sie hat ganz dunkle Augen und dunkle Haut. Und wenn Ayse mit ihrer Mama spricht, kann Pia nichts verstehen. Ayse unterhält sich mit ihrer Mama in einer fremden Sprache, auf Türkisch.

Pias Mama trägt kein Kopftuch. Ihre Locken bindet sie meist zu einem Pferdeschwanz zusammen, der beim Fahrradfahren lustig hin und her wippt. Und Pias Mama trägt oft Hosen und Turnschuhe.

Eines Tages kommt Ayse nicht in den Kindergarten. Sie hat sich den Fuß gebrochen und muss zu Hause bleiben. Pia ist traurig darüber. Die Freundin fehlt ihr. Deshalb besucht sie Ayse.

Ayse liegt auf dem Sofa im Wohnzimmer. Auf ganz vielen bunten Kissen. Sie strahlt.
»Schön, dass du mich besuchst. Mit dem doofen Gipsbein muss ich immer auf dem Sofa liegen. Das ist sooo langweilig.«

Pia bewundert Ayses Gipsbein.

»Alle haben schon ihren Namen draufgeschrieben«, sagt Ayse. »Und die Bilder sind von Papa. Der kann die schönsten Blumen malen.«

Neugierig sieht sich Pia im Zimmer um. Es sieht aus wie bei einer Prinzessin, findet sie. An der Wand hängt ein Teppich mit bunt gewebten Blumen. Und in der Vitrine stehen viele kleine Figuren und Geschirr mit goldenem Muster. Pia staunt. Goldenes Geschirr kennt sie nur aus Märchen.

Pia und Ayse spielen miteinander. Den ganzen Nachmittag. Pia schüttelt Ayse die Kissen auf und bringt ihr Tee. Sie holt ihr das Malbuch und erzählt ihr aus dem Kindergarten. Sie spielt mit ihr Domino und flicht ihr schöne Zöpfe.

Gegen Abend kommen Mama und Papa. Sie wollen Pia abholen. Ayses Eltern laden alle drei zum Abendessen ein. Es wird ein fröhliches Essen. Ayses Mama kann wunderbar kochen. Pia hilft mit all die Köstlichkeiten auf den Wohnzimmertisch zu stellen. Danach macht sie es sich bei Ayse auf dem großen Sofa gemütlich. Alle lachen, essen und trinken Tee. Ayses Eltern erzählen stolz von ihrer Familie in der Türkei.

Es ist schon spät, als sich Mama und Papa von Ayses Eltern verabschieden. Pia und Ayse sind längst eingeschlafen. Eng aneinander gekuschelt, liegen sie zwischen all den bunten Kissen. Papa nimmt Pia vorsichtig auf den Arm. Mama lädt Ayse und ihre Eltern zum Gartenfest an Pias Geburtstag ein.

»Gülle, gülle!«, sagen Ayses Eltern zum Abschied. Das bedeutet: »Auf Wiedersehen!«

»Ja, bis bald!«, sagen Papa und Mama. »Wir freuen uns!«

Die Geburtstagsüberraschung

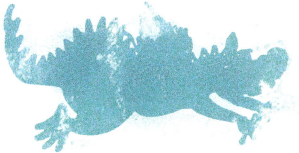

»Opa, was schenkst du mir zum Geburtstag?«, fragt Leo immer wieder.

»Es ist ein ganz besonderes Geschenk«, antwortet Opa geheimnisvoll. »Man kann es nicht kaufen. Man kann es nicht essen und nicht anfassen. Aber du kannst es teilen mit all deinen Freunden.«

Leo rätselt. Ein Geschenk, das man nicht anfassen kann? Das gibt's doch gar nicht! Oder etwa doch?

Endlich ist Leos großer Tag! Fünf Freunde sind gekommen. Auch Oma und Opa sind da.

»Gleich verrate ich dir mein Geschenk, lieber Leo!«, sagt Opa. »Kommt alle mit mir mit! Wir müssen auf die große Wiese am Weiher. Dort ist der richtige Platz für das Geschenk.«

Opa breitet eine bunte Decke auf der Wiese aus und alle machen es sich darauf gemütlich.

»Mein Geschenk ist eine Wolkengeschichte«, verrät Opa. »Schaut mal die prächtigen Wolken dort oben! Die dicke Wolke, die so aussieht wie ein Mensch, das ist Ritter Tassilo. Er trägt eine große Torte. Eine Torte mit Zauberkräften. Er hat sie von einer guten Fee zum Geburtstag geschenkt bekommen. ›Jeder, der von dieser Torte isst, wird dein Freund!‹, hat die Fee gesagt.

Und seht ihr dort die lange Wolke? Das ist ein Drache. Er speit Feuer und scharrt mit den Füßen. ›Gib mir sofort die Torte!‹, schreit der Drache. ›Sonst fress ich dich!‹

Tassilo hat Angst. Er rennt, so schnell er kann. Seine Zaubertorte soll der Drache nicht bekommen! Niemals! Aber da stolpert er und fällt hin. Sofort ist der Drache bei ihm.

Und schnapp! Mit einem Haps hat er die Torte aufgefressen. Schnell zieht Tassilo sein Schwert. Ihn wird der Drache nicht fressen!

Doch der Drache ist auf einmal wie verwandelt. ›Nanu!‹, gluckst er und verdreht die Augen. ›Was bist du denn für ein süßer Ritter? Ich hab dich ja sooo lieb!‹ Mit seiner feuchten Schnauze drückt er Tassilo einen Kuss auf die Backe.

›Lass das!‹, schreit Tassilo. ›Drachenküsse mag ich nicht!‹

›Magst du vielleicht lieber fliegen?‹, schlägt da der Drache vor.

So kommt es, dass Tassilo mit dem Drachen über Wiesen und Wälder fliegt und sein ganzes Ritterreich aus der Luft betrachten kann. Er jubelt vor Freude und klatscht begeistert in die Hände. Schließlich landen sie in der Ritterburg.

›Mach's gut, lieber Drache!‹, winkt Tassilo zum Abschied. ›Dieser Flug war ein schönes Geburtstagsgeschenk!‹

›Mach's auch gut, Tassilein!‹, sagt der Drache. ›Das war eine leckere Geburtstagstorte. Gleich morgen komme ich wieder und besuche dich!‹ Dann erhebt er sich in die Lüfte und fliegt davon.«

Als Opa zu Ende erzählt hat, nickt er Oma zu. Sie bringt eine große Torte, verziert mit grünen Marzipandrachen.

»Dies ist auch eine Freundschaftstorte«, sagt Oma. »Ich habe sie selbst gebacken. Und jeder, der dich lieb hat, darf ein Stück davon essen.«

Voller Freude sieht Leo, wie sich alle auf die Drachentorte stürzen. Nicht das kleinste Krümelchen bleibt übrig.

Ballonpost

Als Ronja aufwacht, hängt da dieser Ballon im Baum. Direkt vor ihrem Fenster. Ein großer roter Luftballon, an dem ein kleiner Zettel baumelt. Papa soll auf den Baum klettern und ihn mir holen, denkt Ronja. Den nehme ich mit nach Hause, dann habe ich eine schöne Erinnerung an unseren Urlaub in den Bergen.

Papa erfüllt Ronjas Wunsch. Flink wie ein Eichhörnchen klettert er in die knorrigen Äste des Baumes und holt den Ballon herunter. »Mal sehen, was auf dem Zettel steht!«, sagt er.

»Dieser Ballon gehört Florian«, liest er vor. »Er soll in die weite Welt fliegen. Wenn du ihn findest, schicke bitte die Karte an mich zurück. Gewinner in unserem Ballonwettbewerb wird das Kind, dessen Ballon am weitesten fliegt. Adresse: Florian Stadlmeier, Kindergarten Garmisch.«

»Wie schade!«, seufzt Mama. »Da ist der Ballon aber nicht sehr weit gekommen. Der Kindergarten ist ja gleich hier um die Ecke.«

Aber Ronja hat eine Idee:

»Wir nehmen den Ballon einfach mit zu uns nach Hause. Bis an die Nordsee. Und von dort schicken wir die Karte zurück.«

Papa und Mama lachen.

»So weit kommt bestimmt kein anderer Ballon. Vor allem reist kein anderer Ballon so bequem im Auto. Dein Florian wird sich freuen!«

»Ronja, ein Brief für dich!«, ruft Mama zwei Wochen später. Sie hält einen bunt bemalten Brief in der Hand. »Er ist von Florian!«, verrät sie Ronja.

Neugierig öffnet Ronja den Briefumschlag. Ein Brief und ein Foto sind darin. Auf dem Foto ist ein kleiner Junge zu sehen mit einer Zahnlücke und einem frechen kleinen Grübchen im Kinn. Der Junge gefällt Ronja. »Lies mir den Brief vor!«, bittet sie.

Mama liest: »Liebe Ronja! Ich bin der Florian aus Garmisch und gehe in den Kindergarten. Wir haben einen Ballonwettbewerb gemacht. Beim Sommerfest durfte jedes Kind einen Ballon auf die Reise schicken. Wir wollten sehen, welcher Ballon am weitesten fliegt. Der Sieger darf sich ein Buch wünschen. Unsere Kindergärtnerin, die Liesl, liest es dann vor. Stell dir vor! Unser Ballon hat gewonnen! Ich freue mich riesig. Danke, dass du meine Karte zurückgeschickt hast. Schick mir doch ein Bild von dir! Dein Flori.«

Und unten drunter steht: »Liebe Ronja, den Brief habe ich für Flori geschrieben. Er hat mir gesagt, was ich schreiben soll. Bald kommt er in die Schule, dann schreibt er dir selbst. Viele Grüße! Florians Mama.«

Ronja strahlt. Gleich malt sie ein Bild von sich für Florian. Damit er weiß, wie sie aussieht. Dunkelbraune Zöpfe, grüne Augen, eine Stupsnase mit vielen Sommersprossen, eine Zahnlücke oben und eine unten. Sie malt sich in dem schönen Sommerkleid, das aussieht wie von einer Prinzessin. Auch ihr Stoffhund Flocki und ihr Kuschelhase Eduard müssen mit aufs Bild. Darunter schreibt sie ihren Namen *Ronja*. Das kann sie schon, weil sie bald in die Schule kommt. Ronja verziert auch den Briefumschlag. Und die Marke klebt sie mit extra viel Spucke fest. Damit sie auf dem langen Weg nach Garmisch nicht abfällt.

Schlappi Schlappohr

Schlappi ist Monas Lieblingshase. Sein Name kommt von seinen großen Schlappohren. Schlappi darf in Monas Bett schlafen und mit Mona die Schüsseln mit Kuchenteig auskratzen. Wenn Papa Mona einen Gutenachtkuss gibt, muss Schlappi auch einen Kuss haben. Sonst kann der Hase die ganze Nacht nicht schlafen. Schlappi mag keinen Spinat und keine Kratzpullis. Genau wie Mona. Aber er mag Vicki, Monas Freundin.

Vicki und Mona spielen oft miteinander. Am liebsten Verstecken im Dunkeln. Dann lassen sie die Rolläden in Monas Zimmer herunter und suchen sich ganz geheime Verstecke.
Einmal findet Vicki ein besonders tolles Versteck. Hinter der Gardine auf dem Fensterbrett. Da findet Mona mich nie, denkt Vicki. Aber Mona schaut durch das Schlüsselloch, während sich Vicki versteckt.

Sie läuft gleich zu Vicki und sagt: »Das ist ein Babyversteck!«

Da ist Vicki total sauer. »Du hast geschaut, das ist gemein!«, schreit sie.

»Wenn du so ein blödes Babyversteck aussuchst, kann ich nichts dafür!«, sagt Mona trotzig.

Vicki zittert vor Wut. »Du bist so doof!«, schreit sie zornig und stampft mit dem Fuß auf. »So doof wie dein blöder Schlappi-Hase!« Und dann liegt da auf einmal diese Schere. Monas Bastelschere. Plötzlich hat Vicki sie in der Hand und – ratsch! – schneidet sie Schlappi ein Ohr ab. Mona ist entsetzt. Sie schaut auf ihren Hasen und

weint. Dann nimmt sie Schlappi in den Arm und schaukelt ihn.

Das geschieht ihr ganz recht!, denkt Vicki. Da ist sie schließlich selbst schuld, wenn sie durchs Schlüsselloch schaut! Und ohne sich noch einmal umzusehen, rennt sie aus dem Zimmer und läuft nach Hause. So schnell sie kann.

Beim Abendessen bringt Vicki keinen Bissen hinunter. Immer muss sie an Schlappi denken. Und an Mona, wie sie geweint hat. Ein dicker Kloß sitzt in Vickis Hals. Und dann muss sie auch weinen. Die Tränen tropfen direkt auf ihr Wurstbrot. Mama nimmt Vicki in den Arm. Und da erzählt ihr Vicki die ganze traurige Hasengeschichte.

»Wir nähen das Hasenohr wieder an!«, schlägt Mama vor. »Gleich morgen!«

Vicki versteckt sich hinter Mamas Rücken, als sie am nächsten Morgen bei Mona klingeln. Monas Mama öffnet. Hinter ihr steht Mona. Im Arm hält sie den Hasen. Ein dicker weißer Verband ist um das kaputte Ohr gebunden.
»Kommt rein!«, sagt Monas Mama. »Wir haben uns schon gedacht, dass ihr kommt!«

»Es tut mir Leid!«, flüstert Vicki. »Ich wollte deinem Schlappi nicht weh tun! Meine Mama kann das Ohr wieder annähen!«
Mona sagt keinen Ton. Aber sie reicht Vickis Mama den Hasen. Während Mama das Hasenohr wieder annäht, sitzen die beiden Mädchen zusammen auf dem Sofa im Wohnzimmer. Sie schauen sich ganz schüchtern an. Endlich ist Mama mit dem Nähen fertig. Sie drückt Mona den Hasen in die Arme. Das Ohr ist wieder dran. Da lächelt Mona. Ein winzig kleines Mona-Lächeln.
»Komm mit in mein Zimmer!«, sagt sie zu Vicki. »Schlappi muss jetzt schlafen. Wir pflegen ihn, bis er wieder ganz gesund ist!«

Omas Schatz

Am allerliebsten spielen Theresa und Philipp auf Oma Klaras Dachboden. Alte Koffer und Kisten und geheimnisvolle Truhen sind der schönste Spielplatz, den sich die beiden vorstellen können. Eines Tages entdecken sie dort oben eine kleine goldene Schachtel. Sie ist sehr verstaubt und mit einem roten Bändchen zugebunden. Was da wohl drin sein mag?

»Ein Schatz!«, vermutet Theresa. »Mach schon auf!« Vorsichtig löst Philipp das rote Bändchen und hebt den Deckel ab. In der Schachtel liegen das vergilbte Foto von zwei kleinen Mädchen und eine Muschel. Wer sind die Mädchen auf dem Foto? Und warum liegt die Muschel dabei? Philipp und Theresa beschließen Oma zu fragen.

»Oma, schau, was wir gefunden haben!«, ruft Philipp ihr schon von weitem entgegen. Oma Klara sitzt vor der Ro-

senhecke und jätet Unkraut. Sorgfältig wischt sie ihre Hände an der Schürze sauber und streicht liebevoll den Staub von der Schachtel, bevor sie sie öffnet. Sie betrachtet das Bild und lächelt. Dann nimmt sie die Muschel in die Hand und befühlt sie von allen Seiten mit den Fingern. Dabei schließt sie die Augen und scheint ganz weit weg zu sein mit ihren Gedanken.

»Die Mädchen auf dem Foto sind meine Freundin Emily und ich«, beginnt sie schließlich. »Das Foto hat mein Vater an meinem fünften Geburtstag gemacht. Emily wohnte im Nachbarhaus und jeden Tag spielten wir miteinander. Eines Tages brachte sie mir von einer Ferienreise diese Muschel mit. ›Es ist eine Zaubermuschel‹, sagte sie zu mir. ›Sie bringt Glück.‹ Und so war es tatsächlich. Eines Tages lief ihr kleiner Hund weg. Wir suchten ihn den ganzen Tag, bis ich auf die Idee kam, Emily die Muschel wieder zu schenken. Als Glücksbringer. Und ob ihr's glaubt oder nicht, ein paar Minuten später kam der kleine Ausreißer um die Ecke gelaufen. So haben wir es dann immer wieder gemacht: Wir schenkten uns die Muschel gegenseitig, wenn wir Kummer hatten. Und sie hat uns beiden immer wieder Glück gebracht.«

»Wo ist deine Freundin jetzt?«, fragt Philipp.
»Sie ist mit ihrer Familie nach Amerika gezogen. An diesem Tag habe ich die Muschel und das Foto in die Schachtel gelegt, weil ich so traurig war.«
»Magst du deine Freundin immer noch?«, fragt Theresa.
Oma Klara lächelt. »Es war schön mit Emily. Ich denke gern an sie.«
Theresa holt Briefpapier und einen Füller und legt beides in Oma Klaras Schoß. »Schreib!«, sagt sie nur.

Einen Tag später ist ein Brief unterwegs an Oma Klaras Freundin in Amerika. Oma Klara erzählt darin von ihren Enkelkindern Philipp und Theresa. Und dass die beiden die Muschel auf dem Dachboden gefunden haben. Schon bald bekommt Oma Antwort. Seit diesem Tag schreiben sich Oma Klara und ihre Freundin Emily viele lange Briefe. Und die Muschel liegt wieder auf Oma Klaras Schreibtisch.
»Diese Muschel bringt wirklich Glück!«, sagt Oma.

Das Abenteuer am Fluss

Wilder Bär springt von seinem Pony.
»Komm her!«, ruft er seinem Freund Kleiner Adler zu.
»Der Fluss ist voll von Fischen!«
Kleiner Adler watet ins Wasser. Er hebt seinen Speer und zielt. Zischend saust der Speer ins Wasser. Doch leider daneben. Schneller als der Blitz sind die Fischlein hinter einem Stein verschwunden.

»Jetzt bin ich dran!«, schreit Wilder Bär übermütig. »Du wirst sehen, ich fang gleich drei auf einmal!« Und schon springt er wie ein junger Hund durch das Wasser auf den Stein zu.

»Sei vorsichtig!«, warnt Kleiner Adler. »Dort hinten wird das Wasser wild und reißend!«

Aber Wilder Bär kümmert sich nicht darum. Mit kräftigen Schritten läuft er immer weiter in den Fluss hinein. Da vorne sind die Fische! Und er wird sie fangen!

Wilder Bär muss alle Kraft aufbieten, um vom reißenden Wasser nicht umgeworfen zu werden. Die Steine im Fluss sind glitschig. Plötzlich passiert es. Wilder Bär rutscht aus und stürzt ins sprudelnde Wasser. Er versucht ans Ufer zu schwimmen. Doch die Kraft des Wassers ist viel zu stark. Es reißt den Indianerjungen mit sich.

Erschrocken beobachtet Kleiner Adler, dass es seinem Freund nicht gelingt, das Ufer zu erreichen.

»Ich helfe dir!«, ruft er ihm zu. Wie der Blitz rennt er am Flussufer entlang, bis zu der Stelle, wo ein großer Stein im Wasser liegt. Über den Stein ragt der lange Ast einer Eiche. Kleiner Adler springt auf den Stein und biegt den Ast, bis die Spitzen der Blätter das Wasser berühren. Im selben Moment sieht er auch schon, wie Wilder Bär im reißenden Wasser auf ihn zutreibt.

»Halt dich an dem Ast fest!«, schreit Kleiner Adler. »Ich zieh dich heraus!«

Mit letzter Kraft klammert sich Wilder Bär an den Ast. Kleiner Adler packt ihn an seinem Gürtel und zieht ihn aus dem Wasser. Zitternd und nass, liegen die beiden Indianerkinder schließlich am Flussufer.

»Uff! Gerade noch mal gut gegangen!«, japst Wilder Bär. »Du warst sehr mutig! Es ist gut, so einen tapferen Freund zu haben!«

Die Sonne ist schon fast untergegangen, als die beiden

Freunde nass und erschöpft ins Dorf zurückkehren. Sie erzählen von ihrem Abenteuer und alle sind froh, dass Kleiner Adler seinem Freund in der Gefahr so gut helfen konnte.

Der Häuptling legt seine Hand auf die Schulter des Kleinen Adlers. »Du hast eine mutige Tat vollbracht!«, spricht er. »Mit klarem Kopf hast du einen Freund gerettet. Jeder soll wissen, dass du den Mut eines Adlers besitzt. Deshalb sei dein Name von jetzt an Mutiger Adler!«

Die Indianer feiern Mutigen Adler mit Gesängen und Tänzen, bis die Sterne am dunklen Nachthimmel zu funkeln beginnen und die Rufe der Waldkäuze zu hören sind. Wilder Bär und Mutiger Adler sind von diesem Tag an mehr als nur Freunde: Sie sind Brüder geworden.

Johannes im Glück

Als Grit in den Kindergarten kommt, ist der Neue schon da. Franzi, die Kindergartentante, hat von ihm erzählt. »Er singt und malt gerne. Und er fährt einen Rollstuhl, weil seine Beine nicht so viel Kraft haben«, hat sie gesagt. Der Neue sieht nett aus. Franzi sitzt neben ihm auf einem Stuhl und die Kinder sitzen im Erzählkreis auf dem Boden. Jedes Kind auf einem dicken Kissen. Wie immer, wenn es etwas zu erzählen gibt.

»Wie heißt du?«, will Anja wissen.

»Johannes Glück«, sagt der Junge. »Aber meine Mama sagt immer, ich bin der Hans im Glück, weil ich immer Glück habe.«

»Bist du auch schon fünf, so wie ich?«, fragt Toni.

»Sogar schon fünfeinhalb«, antwortet Johannes. »Mein Papa sagt immer, dass ich mich wohl bald rasieren muss. Aber das stimmt natürlich nicht. Mein Papa flunkert nämlich gerne. Und er macht gerne Spaß. Einmal hat er mir im Schlaf rote Punkt ins Gesicht gemalt und die Mama dachte schon, ich hätte Windpocken.«

»Was sind das für Aufkleber auf deinen Rädern?«, fragt Susanna.

Da sehen es alle Kinder: Auf den Rädern des Rollstuhls kleben viele Aufkleber. Sie leuchten und glitzern in allen Farben.

»Das sind meine Lieblingsaufkleber«, sagt Johannes. »Die schenkt mir mein Opa immer, wenn er von einer Reise kommt.«

»Und warum kannst du nicht laufen?«, will Sandra wissen.

»Als Baby war ich krank. Und danach hatten meine Beine nicht mehr so viel Kraft. Aber dafür habe ich starke Arme. Das kommt, weil ich mit meinem Rollstuhl so wild durch die Gegend fahre. Mein Opa sagt immer, ich wäre ein richtiger Düsenpilot.«

Am Nachmittag schickt Franzi die Kinder in den Garten. Die Mädchen und Jungen machen ein Wettrennen. »Wer ist als Erstes bei der Schaukel?«, schreit Grit.
Da sausen alle los. Die Jungs schieben den Rollstuhl mit Johannes über das Gras. Er lacht vor Vergnügen und feuert seine Mannschaft an.
»Vorwärts!«, schreit er. »Attacke, alle Mann zur Schaukel!«

Und da passiert es: Der Rollstuhl fährt über einen Stein und kippt zur Seite. Johannes liegt auf der Nase. Mitten auf der Wiese. Erschrocken bleiben die Kinder stehen. Die Mädchen rennen los und wollen Franzi holen. Lukas findet als Erster seine Sprache wieder.

»Hast du dir weh getan?«, fragt er und kniet sich neben Johannes.

Der klopft das Gras von seinen Armen und Beinen. »Sieht so aus, als hätte ich wieder mal Glück gehabt!«, lacht er. »Los, helft mir, sonst gewinnen die Mädchen!«

Die Jungen helfen Johannes mit vereinten Kräften wieder in den Rollstuhl. Einer schiebt, einer zieht, einer drückt, einer hebt und einer gibt gute Ratschläge. Dann rennen sie weiter. Schnell wie der Blitz. Und Düsenpilot Johannes feuert seine Mannschaft an.

»Sieger!«, schreien die Jungs, als sie ins Ziel kommen.

Von weitem sehen sie die Mädchen mit Franzi über die Wiese laufen.

»Ist was passiert?«, ruft Franzi.

»Klar!«, grinst Johannes. »Wir haben gewonnen, das ist passiert!«

Franzi lacht: »Wie's aussieht, bist du wirklich Hans im Glück! Wie schön, dass du jetzt bei uns bist!«

Verlaufen!

Tim drückt sich die Nase am Aquarium platt und beobachtet einen bunten Fisch.

»Pinguine sind viel spannender!«, sagt er. »Die leben eigentlich am Südpol, da ist es riesig kalt.«

Melissa findet Tim toll. Tim ist so klug! Das kommt, weil er schon fünf Jahre alt ist, fast sogar schon ein bisschen sechs Jahre.

»Kommt weiter, Kinder!«, ruft Steffi, die Kindergärtnerin. »Wir gehen jetzt alle zu den Elefanten!«

Brav stellen sich alle Kinder aus dem Kindergarten hinter Steffi an.

»Ich will lieber zu den Pinguinen!«, flüstert Tim Melissa ins Ohr. »Kommst du mit?«

»Ohne Steffi?«, fragt Melissa mit großen Augen.

»Die merkt das gar nicht!«, sagt Tim. »Wenn wir die Pinguine gesehen haben, kommen wir ja wieder.«

Melissa zögert. Steffi hat verboten im Zoo alleine loszuziehen. Aber Tim ist Melissas großer Freund. Er wird sie

für ein Baby halten, wenn sie nicht mitkommt. Melissa überlegt. Doch da geht auf einmal alles ganz schnell. Tim packt Melissa bei der Hand und schon stehen sie vor der Tür.

»Zu den Pinguinen geht's da lang!«, sagt Tim. »Ich war hier schon mal mit meinem Papa. Ich weiß das genau!« Sie brauchen gar nicht lange zu laufen. Schon von weitem sehen sie das Schwimmbecken der Pinguine. Die Pinguine tauchen und springen lustig im Wasser herum. Eine Pinguinmama watschelt mit ihrem Pinguinbaby direkt an der Fensterscheibe vorbei. Melissa findet es so süß! Dann kommt der Tierpfleger und füttert die Pinguine mit Fischen. Die Pinguine drängeln sich um seinen

Fischeimer so wie die Kindergartenkinder um Steffi, wenn sie Schokolade verteilt. Melissa bekommt ein mulmiges Gefühl im Bauch. Ob Steffi schon gemerkt hat, dass Melissa mit Tim verschwunden ist?
»Lass uns wieder zurückgehen!«, bittet sie Tim.

Auf dem Rückweg kommen sie an den Kamelen vorbei. Und an den Flamingos. Und an den Löwen. Aber nicht an den Elefanten. Melissa tun die Füße weh.
»Wir sind gleich da!«, verspricht Tim. »Nur noch da vorne um die Ecke, dann kommen die Elefanten!«

Sie laufen über die Brücke am Goldfischteich, kommen zum Streichelzoo und zu den Eisbären. Aber nicht zu den Elefanten.

»Wir haben uns verlaufen!«, murmelt Tim schließlich kleinlaut. »Ich weiß nicht, wo wir sind.«

Mit weit aufgerissenen Augen schaut Melissa Tim an. »Du hast doch gesagt, du kennst den Weg!«, sagt sie.

Tim zuckt mit den Achseln und lässt die Schultern hängen.

Melissa denkt nach. Was kann man tun, wenn man sich verlaufen hat? Man fragt nach dem Weg! Da kommt eine Frau mit Kinderwagen. Die sieht nett aus.

»Wir haben uns verlaufen«, sagt Melissa zu ihr. »Wir suchen die Elefanten.«

»Ach, dann seid ihr wohl die beiden Ausreißer!«, sagt die Frau. »Ich war gerade im Elefantenhaus und habe mitbekommen, wie sie euch suchen! Na, dann kommt mal mit. Ich bringe euch hin!«

Frauke Nahrgang

Geschichtenspaß für 3 Minuten

37 kurze Geschichten – ideal zum Vorlesen im Kindergarten und zu Hause!

Mal ehrlich, mal geflunkert, erzählt Frauke Nahrgang vom einsamen Zauberer Paulchen Pokus und der unordentlichen Frau Rumpelich, von ungewöhnlichen Sonntagsüberraschungen und nächtlichen Störenfrieden, von Freunden und Streithähnen, guter Laune und schlechten Tagen, Wut und Mut und vielen anderen kleinen aber wichtigen Sachen, die Kinder ab 4 beschäftigen.

Gebunden.
Mit vielen farbigen Illustrationen von Susanne Schulte.
112 Seiten.

EDITION BÜCHERBÄR